Andre Dieckschulte

Personalmanagement und -marketing

Reihe Wirtschaftswissenschaften

Band 88

Andre Dieckschulte

Personalmanagement und -marketing

Centaurus Verlag & Media UG

Zum Autor:
Andre Dieckschulte absolvierte ein Studium zum Verwalter für Lager und Logistik sowie eine Pädagogische Ausbildereignungsprüfung nach AEVO und hat einen IHK-Abschluss in Personalführung.

Die Deutsche Bibliothek – Cip-Einheitsaufnahme

Bibliographische Information der Deutschen Bibliothek:
Die deutsche Bibliothek verzeichnet diese Publikation in der
Deutschen Nationalbibliographie; detaillierte bibliographische Daten
sind im Internet über http://dnb.ddb.de abrufbar.

Gedruckt auf säurefreiem und chlorfrei gebleichtem Papier.

ISBN 978-3-86226-187-1   ISBN 978-3-86226-912-9 (eBook)
DOI 10.1007/978-3-86226-912-9

ISSN 0177-283X

Alle Rechte, insbesondere das Recht der Vervielfältigung und Verbreitung sowie der Übersetzung, vorbehalten. Kein Teil des Werkes darf in irgendeiner Form (durch Fotokopie, Mikrofilm oder ein anderes Verfahren) ohne schriftliche Genehmigung des Verlages reproduziert oder unter Verwendung elektronischer Systeme verarbeitet, vervielfältigt oder verbreitet werden.

© *CENTAURUS Verlag & Media KG, Freiburg 2012*
www.centaurus-verlag.de

Umschlaggestaltung: Jasmin Morgenthaler, Visuelle Kommunikation
Satz: Vorlage des Autors

Inhaltsverzeichnis

Aktuelle Problemstellung und geschichtlicher Überblick	9
Personalbeschaffung	11
Personalbeschaffungswege	12
Märkte der Personalbeschaffung	13
Innerbetriebliche Stellenausschreibung	13
Personalentwicklung	14
Versetzung	14
Mehrarbeit	15
Personalverwaltung	15
Informationsaufgaben	17
EDV-gestützte Personaldatenbanken	17
Arbeitsteilige Personalverwaltung	18
Personaldateien/Akten	19
Datenschutz	20
Maßnahmen	20
Datenschutzbeauftragter	21
Personalstatistik	21
Kennzahlen	22
Sozialwesen	23
Gründe für ein betriebliches Sozialwesen	23
Arten der Sozialleistungen	24
Fehlzeiten	25
Bedeutung von Fehlzeiten	26
Erfassung von Fehlzeiten	28
Ermittlung von Kennzahlen	29
Risiken bei der Fehlzeitenanalyse	31
Einflussfaktoren auf Fehlzeiten	32
Personal-Controlling	32
Der Begriff Personal-Controlling	33
Effektivitäts-Controlling:	34
Quantitatives und qualitatives Personal-Controlling	34
Operatives und strategisches Personal-Controlling	35
Personaltraining	36

Was bedeutet und beinhaltet Personal Training?	38
360 Grad-Feedback	40
Entwicklung des Verfahrens	43
Durchführung des Verfahrens	45

Organisationsentwicklung   **49**

Was ist Organisationsentwicklung?	49
Organisationen als soziale Systeme	50
Ursprünge und Geschichte der Organisationsentwicklung	52
Theoretische Hintergründe	54
Voraussetzungen für Organisationsentwicklung	56
Formen und Ansatzpunkte von Organisationsveränderungen	57
Selbstmanagement	60
Personalmanagement für ältere Mitarbeiter	62
Mittlere und große Organisationen als Untersuchungsobjekt	66
Problemdarstellung	69

Personalmarketing   **73**

Definition, Zusammensetzung und Ziele des Personalmarketings	73
Spezielle Ziele für den internen Personalmarkt	74
Spezielle Ziele für den externen Arbeitsmarkt	74
Aufgabengebiete des Personalmarketings	74
Akquisitionsfunktion	75
Personalmarketing und Produktmarketing	76
Internes Personalmarketing	78
Wirkungsmodelle im Personalmarketing	79
Personalmarketing-Mix	83
Personalmarketing im Internet	84
Entwicklung des Internets	85
Vorteile der Nutzung des Internets als Personalmarketing-Instrument	86
Grenzen der Nutzung des Internets als Personalmarketing-Instrument	89
Varianten eines Internet gestützten Personalmarketings	91
Newsgroups	91
Bewerbermanagementsysteme	92
Ablauf des Bewerbungsprozesses	93
Bewerbungseingänge/Auswahlprozess	95
Bedarfsdeckung ohne Personalbewegung	96
Bedarfsdeckung mit Personalbewegung	97

Wirkungsmodelle im Personalmarketing 98
Personalmarketing im Internet – Eine empirische Analyse des
unternehmenseigenen Internet 100

Literaturverzeichnis **103**

Aktuelle Problemstellung und geschichtlicher Überblick

Die Industrie war schon weit fortgeschritten, die Menschen hatten Kapital, welches sich zu investieren lohnte. Etliche Familien gründeten Unternehmen, denn die neue Wirtschaftslage barg genug Geschäftsideen in Handel, Handwerk und Industrie. Bis zu den Kriegen waren diese erfolgreich, der große Knall kam erst nach dem 2. Weltkrieg zu Zeiten des Wirtschaftswunders. Bis ende der achtziger Jahre hinein hielt dieser Boom an, wenn von kurzen Unterbrechungen, wie den beiden Ölkrisen, abgesehen wird. In den achtziger Jahren zeigte sich allerdings eine Wende, die den kompletten Mittelstand beherrschte, auf. Diese Wende der Geschehnisse hat zum großen Teil auch mit den veränderten Werten in der Personalwirtschaft zu tun, denn die Entwicklungen sind zu großen Teilen vom Mittelstand ignoriert worden. So ist, einer Studie zufolge, die Wahrnehmung personalpolitischer Aufgaben zu 65% entweder der Unternehmensleitung oder anderen Abteilungen in Verbindung mit der Unternehmensleitung zuzuordnen. Nur die verbleibenden 35% der befragten Unternehmen haben eine Personalabteilung oder einzelne Personalsachbearbeiter. Befinden sich auch heute noch ein Großteil der mittelständischen Unternehmen im sogenannten personalpolitischen Pionierbereich. Nur wenige Unternehmen waren in der Lage, in den personalpolitischen Verwaltungs- bzw. Professionalisierungsbereich zu gelangen. Die Unternehmen, die diesen Schritt vollzogen haben, zeichnen sich meist durch ihre Größe (100 Mitarbeiter) und durch das Vorhandenseins eines Betriebsrates aus, dessen Gründung in mittelständischen Unternehmen meist nicht gefördert, bzw. sogar verhindert wird, um den Unternehmern nicht die Autorität zu entziehen. Unternehmen hoffen, auf den steigenden Wettbewerbsdruck und die dynamischen Umweltveränderungen durch bewusst unternehmerisches Denken und Handeln aller Unternehmensorgane und vor allem aller Mitarbeiter durch stärkere Kunden- und Marktorientierung, durch mehr Schnelligkeit und Flexibilität sowie durch Ressourcenoptimierung erfolgreich zu reagieren. Dies wollen sie durch eine produktorientierte dezentrale Unternehmensorganisation mit entsprechender Delegation unternehmerischer Entscheidungen an die operative Ebene, durch Hierarchieabbau, Straffung der Berichtswege, Gruppenarbeitskonzepte und unternehmensstrategische Controlling-Instrumente erreichen. Nur wer dergestalt dauerhaft unternehmensrelevante und zentrale Strategien und Ziele realisieren kann, hat in den Zeiten tiefgreifender Strukturveränderungen und immer kürzer werdender Innovationszyklen die Chance, erfolgreich zu bleiben. Doch für all diese Ansätze braucht es ein neues Unternehmensführungskonzept: Führen mit Zielen – eine komplexe und anspruchsvolle Weiterentwicklung des Management by Objektives. Zielvereinbarungen als wesentlicher Teil des Führen mit Zielen sind ein modernes, aber äußerst komplexes Instrument der Führung. Im Anschluss an eine grundlegende Darstellung dieses Ansatzes wird auf die konkreten Voraussetzungen für erfolgreiche Zielvereinbarungsprozesse eingegangen, um dann im Detail Zielvereinbarungen für das und im Personalmanagement (PM) zu betrachten. Das Personalwesen ist ein relativ junger Funktionsbereich, der sich erst Ende des 19. Jahrhunderts herausgebildet hat. Klassischerweise kam dem Personalwesen die Aufgabe zu, den Faktor Arbeit in der gewünschten Quantität und Qualität, zur rechten Zeit und am rechten Ort bereitzustellen. Bis in die 60er Jahre lag die Betonung auf der rein ökonomischen Betrachtungsweise. „Diese Sichtweise ohne eine [...] Öffnung, insbesondere zu den Verhaltens- und Gesellschaftswissenschaften, wird dem Erkenntnisobjekt jedoch nicht gerecht."[1] Die Hawthorne Experimente waren die Grundlage für die Humanisierung der Personalarbeit in den 70er Jahren. Man erkannte, dass Arbeitsleistung nicht nur eine Funktion physikalischer Arbeitsbedingungen ist, sondern maßgeblich davon abhängt, wie Arbeiter behandelt werden und wie sie ihre Arbeit, Mitarbeiter und Vorgesetzten wahrnehmen. Die sozialen Fertigkeiten wurden bedeutender als die technischen. Die erhöhte Wertschätzung der Humanressourcen äußerte sich auch in der Rechtsprechung: Das Betriebsverfassungsgesetz (1972) und der Aufsichtsrat (1976) wurden ins Leben gerufen. Die Human-Relations-Bewegung war geboren. Die Personalabteilung wurde aber als eine Abteilung unter vielen betrachtet, der man die Aufgaben delegierte. Sie hatte also nur exekutive Funktionen. Durch die Objektstellung und Instrumentalfunktion des Personals sind Personalabteilungen „relativ unkoordiniert, aditiv gewachsen und haben eine integrative, proaktive und vor allem strategische Ausrichtung vermissen lassen."[2] Die Dynamik der Märkte, der globale Wettbewerb, ständige Veränderungen auf politisch-rechtlicher, demographischer, sozialer und kultureller Ebene, moderne Technologien und der Wertewandel ziehen neue Anforderungen nach sich. Das Personalmanagement musste deshalb eine strategische Ausrichtung bekommen, um gezielt auf diese Veränderungen reagieren zu können.

---

[1] Albert, H., Das ökonomische Modell, Neuwied/Berlin 1967, S.89-91.
[2] Schrank, C., Personal und Managemententwicklung, München 2012, S. 89-91.

Personalbeschaffung

Die Personalbeschaffung umfasst alle Maßnahmen, mit denen die für das Unternehmen erforderlichen Arbeitskräfte in qualitativer, quantitativer und zeitlicher Hinsicht bereitgestellt werden.[3], sofern er einen Fehlbedarf oder eine Unterdeckung darstellt, hinsichtlich der Quantität, Qualität sowie Zeitpunkt, Zeitdauer und Einsatzort gedeckt werden kann[4]. Der Ausgangspunkt für die Personalbeschaffung ist oft die Personalanforderung, die vom Abteilungsleiter oder dem Betriebsleiter der Abteilung ausgelöst wird[5].

Bevor das Personalwesen mit der Beschaffung anfängt zu beginnen, sind folgende Fragen in der Personalbeschaffungsplanung zu beantworten:

- Wer wird gesucht? (Stellenbeschreibung, Anforderungsprofil, Anzahl, Qualifikation)
- Welche Konditionen gelten? (Gehalt, Anreize, und Entwicklungsperspektiven)
- Wo wird gesucht? (Interner oder externer Arbeitsmarkt)
- Wie wird gesucht? (welche Beschaffungswege, Beschaffungsinstrumente)
- Wie wird ausgewählt? (Auswahlinstrumente)
- Zu welchem Zeitpunkt muss der/die neue Mitarbeiter zur Verfügung stehen?
- Wo, an welchem Unternehmensstandort wird er/sie gebraucht?
- Wer nimmt an dem Beschaffungsvorgang und am Auswahlprozess teil?

Die Personalbeschaffung wird in die Phasen Arbeitsmarktanalyse, Personalmarketing, Personalanwerbung, Personalauswahl, Personaleinstellung und -integration ein. Die Personalbeschaffung ist abgeschlossen, wenn die Arbeitskräfte rechtlich durch die Unterschrift im Vertrag an das Unternehmen gebunden sind. Ihre Tätigkeit müssen sie damit noch nicht aufgenommen haben. Die rechtliche Bindung von Bewerbern darf nach § 99 Betriebsverfassungsgesetz (BetrVG) nicht ohne Berücksichtigung der Mitbestimmungsrechte des Betriebsrates erfolgen.

Interne Besetzung vakanter Stellen bedeutet eine Rückholung von Personal aus dem eigenen Unternehmen. Die interne Personalbeschaffung eines Betriebs kann die innerbetriebliche Stellenausschreibung, Versetzung, Nachfolge- und Laufbahnplanung oder eine systematisch betriebene Personalentwicklung nutzen. Die exter-

---

[3] Brutto-Personalbedarf ./. Personalbedarf im Zeitpunkt t 0 + Abgänge ./. feststehende Zugänge = Nettopersonalbedarf (Mitarbeiter).
[4] Vgl. Mag, W., Einführung in die betriebliche Personalplanung, Darmstadt 1986, S. 81.
[5] Vgl. Olfert, K./ Rahn, H.-J., Lexikon der Betriebswirtschaftslehre, Ludwigshafen 2001, Nr. 699.

ne Beschaffung des Personals erfolgt vom Arbeitsmarkt außerhalb des Unternehmens. Der Betrieb kann als externe Personalbeschaffung die Arbeitsagentur, Stellenanzeigen, Personalberater, private Arbeitsvermittler, Personalleasing, Anschlag am schwarzen Brett in Universitäten nutzen. Die verschiedenen Methoden der externen Personalgewinnung sind mehr oder weniger erfolgreich, wobei sich der Erfolg indirekt aus Fluktuationsstatistiken ableiten lässt. Herausgefunden wurde dass die Kündigungsrate der neuen Mitarbeiter, die von Angehörigen des Betriebes auf die Stelle aufmerksam gemacht wurden, deutlich niedriger ist, als von denen die sich auf die Stelle direkt beworben haben.[6]. Differenzen lassen sich auf verschiedene Beschaffungsmaßnahmen zurückführen Die traditionelle Personalbeschaffung wird als ein bestimmtes Vorgehen bezeichnet, bei dem sich das Unternehmen an zukünftige Stellenbewerber gleichsam verkauft. Dies geschieht oftmals durch die Hervorhebung von primären und Weglassung von sekundären Merkmalen des Arbeitsplatzes. Ein Negativer Effekt ist, dass vergleichsweise viele Bewerbungen eingehen, zwischen denen die Personalabteilung eine Auswahl nach der ABC-Analyse vornehmen kann. Eine Folgewirkung der ABC-Analyse stellt die Erwartungen bei den eingestellten Mitarbeitern dar, die nach kurzer Zeit im Unternehmen beinahe zwangsläufig enttäuscht werden[7].

Personalbeschaffungswege

Zwei Arten und Weisen der Personalbeschaffung lassen sich unterscheiden, einmal die Personalbedarfsdeckung auf Unternehmensinternen sowie -externen Beschaffungswegen. Es handelt sich hierbei um wichtige Grundsatzentscheidungen, welche insbesondere von der Bedeutung und den Anforderungen an die zu besetzende Stelle sowie der Arbeitsmarksituation abhängen und fallweise zu wählen sind. Für die Auswahl der Beschaffungswege gilt unter Beachtung der Interessensgruppen die Forschung auf dem Arbeitsmarkt, die durch Personalmarktbeobachtungen und -analysen gewonnenen Daten und Informationen über das Potential sowie die Beschaffungsmöglichkeiten durchschaubar machen soll[8]. Auf den Teil des Arbeitsmarktes, bezieht sich die interne Personalbeschaffung die sich innerhalb des eigenen Unternehmens liegt, wobei die sog. Initiative dazu sowohl vom Unternehmen als auch vom Mitarbeiter erfolgen kann[9]. Die interne Personalbeschaffung bezieht

---

[6] Vgl. Krause, G./Krause, B., Die Prüfung der Personalkaufleute, Stuttgart 2004, S. 267f.
[7] Vgl. Schulte, C., Personal-Controlling mit Kennzahlen, München 2002, S. 16.
[8] Vgl. Schanz, Personalwirtschaftslehre, München /Wien/Stuttgart 2000, S. 281f.
[9] Vgl. Ebd., S. 282.

sich auf den Teil des Arbeitsmarktes, welcher innerhalb des eigenen Unternehmens liegt[10], wobei die Initiative dazu sowohl vom Unternehmen als auch vom Mitarbeiter selbst erfolgen kann[11]. Häufig haben jedoch interne Personalbeschaffungen eine externe Beschaffung als notwendige Konsequenz, es sei denn, die bisher durch den Mitarbeiter besetzte Stelle bzw. Position entfällt.

Märkte der Personalbeschaffung

Eine Primäre Entscheidung, die vorab getroffen werden muss, ist, ob der Bedarf innerbetrieblich oder außerbetrieblich gedeckt werden soll. Nun ist noch festzulegen, wo und wie ein Mitarbeiter beschafft werden soll. Jedem Unternehmen stehen verschiedene Methoden auf den unterschiedlichsten Märkten zur Verfügung. Der versprechende Markt an Arbeitnehmer muss der jeweiligen Situation entsprechend gefunden und als Beschaffungsmarkt eingegrenzt werden. Der erfolgversprechendste Markt muss der jeweiligen Situation entsprechend gefunden und als der relevante Beschaffungsmarkt eingegrenzt werden. Der Betriebsrat kann allerdings darauf bestehen die interne Ausschreibung von Arbeitsplätzen zu verlangen. Interne Personalbewegungen fordern auch Außenrekrutierungen, damit Arbeitsplätze die frei werden auch wieder besetzt werden können.

Innerbetriebliche Stellenausschreibung

Eine wichtige Funktion der Personalbeschaffung wird dargestellt. Hierbei werden unbesetzte Stellen intern ausgeschrieben und den Mitarbeitern bekannt gemacht (z. B. durch Anschläge am schwarzen Brett). Diese können sich daraufhin „normal" bewerben, um sich beruflich zu verbessern oder neu zu orientieren. Eine innerbetriebliche Stellenausschreibung sollte demnach für mögliche Bewerber u. a. folgende Informationen liefern: Stellenbezeichnung, Tätigkeitsbeschreibung, organisatorische Einordnung, Anforderungen, Arbeitszeit und Vergütung[12]. Der Betriebsrat kann gem. § 93 BetrVG generell eine innerbetriebliche Stellenausschreibung für zu besetzende Arbeitsplätze verlangen, wobei er bei Nichtberücksichtigung dieser seine Zustimmung zur entsprechenden Personalmaßnahme verweigern

---

[10] Vgl. Hentze, J./Kammel, A., Personalwirtschaftslehre 1. Grundlagen, Personalbedarfsermittlung, -beschaffung, -entwicklung und -einsatz, Stuttgart 2001.
[11] Vgl. Olfert, A., Personalwirtschaft, Ludwigshafen 2005, S. 113.
[12] Vgl. Bartscher, T./Nowak, U./Wagner, K., Praktische Personalwirtschaft. Eine praxisorientierte Einführung, Wiesbaden 2002, S. 69 und Olfert, A., Personalwirtschaft, Ludwigshafen 2005.

kann. Entsprechend kann das Unternehmen auch externe Wege für die freie Stelle nutzen. Internen Bewerbern ist grundsätzlich nur dann Vorrang zu gewähren, sofern dies durch vereinbarte Auswahlrichtlinien gem. § 95 BetrVG erforderlich ist. Bei Nichteinhaltung dieser Richtlinien kann der Betriebsrat diesem widersprechen[13].

Personalentwicklung

Einen weiteren Weg stellt die Personalbeschaffung dar, womit ein zukünftiger Bedarf an hochqualifizierten Mitarbeitern gedeckt werden kann[14]. Sämtliche Aktivitäten werden umfasst, die zu der Erlangung, Erhaltung und der Verbesserung von Qualifikationen der Mitarbeiter dienen. Die Personalentwicklung bedeutet und beinhaltet Maßnahmen der Personalbildung sowie -förderung der Mitarbeiter. Hierbei beinhaltet z. B. die Ausbildung(Erwerb von Kenntnissen), Fortbildung (Erweiterung der eigenen Fähigkeiten) und Umschulung (Neuorientierung im Beruf). Die Personalförderung beschäftigt sich mit der persönlichen Entwicklung der Arbeitnehmer im Unternehmen. Hierzu dienen neben dem Gespräch eine Vielzahl von Fördermaßnahmen (z. B. Coaching und die Laufbahnplanung)[15].

Versetzung

Bei dieser gebräuchlichen Maßnahme wird dem Mitarbeiter gem. § 95 Abs. 3 BetrVG ein anderer Arbeitsbereich (z. B. andere Aufgabe, Verantwortung, Tätigkeitsart in betrieblichen Arbeitsablauf) übergeben, die voraussichtlich die Dauer eines Monats übersteigt oder mit bedeutsamen Änderungen der Umstände, unter denen die Arbeit zu leisten ist[16]. Zwischen horizontalen und vertikalen Versetzungen wird dabei unterschieden. Als Ursachen einer Versetzung gelten u.a. betriebliche Umstellungen (z. B. Rationalisierungsmaßnahmen) oder Ereignisse bei Kollegen (z. B. Krankheit und Urlaub).Eine Versetzung kann entweder durch eine Anweisung des Arbeitgebers oder durch eine Änderungskündigung (Kündigung eines

---

[13] Vgl. Wagner, D., Organisation, Führung und Personalmanagement. Neue Perspektiven durch Flexibilisierung und Individualisierung, 2. Aufl., Freiburg 1991, S. 236.
[14] Vgl. Hohmeister, F./ Stelzer, T., Personalwirtschaft, Stuttgart 2001.
[15] Vgl. Olfert, A., Personalwirtschaft, Ludwigshafen 2005, S. 119f. und Scholz, C., Personalmanagement, München 1997, S. 458.
[16] Vgl. Bartscher, T./Nowak, U./Wagner, K., Praktische Personalwirtschaft. Eine praxisorientierte Einführung, Wiesbaden 2002, S. 70 und Olfert, A.., Personalwirtschaft, Ludwigshafen 2005, S. 120.

Dauerschuldverhältnisses verbunden mit dem Angebot, einen neuen Vertrag abzuschließen, um es zu geänderten Bedingungen fortzusetzen.) bzw. Änderungsvereinbarung (freiwilliges Abkommen zur Änderung des Arbeitsverhältnisses) erfolgen. Bei jeder Versetzung des Arbeitnehmers sind die Mitwirkungsrechte des Betriebsrates immer zu beachten.

Mehrarbeit

Überstunden, auch Überarbeit, leisten Arbeitnehmer dann, wenn sie die vereinbarte Arbeitszeit überschreiten. Die maßgebliche Regelarbeitszeit kann sich direkt aus dem Arbeitsvertrag ergeben, aber auch mittelbar aus einem Tarifvertrag, einer Betriebsvereinbarung oder einem Gesetz. Die Arbeitnehmeranzahl bleibt konstant und es werden keine neuen arbeitsrechtlichen Bindungen eingegangen. Formen von Mehrarbeit sind z. B. Überstunden (die tatsächliche Arbeitszeit der Arbeitnehmer übersteigt) sowie die Verlängerung der üblichen Arbeitszeit (Änderungen der Arbeitszeit im Unternehmen, z. B. von 35h-Woche auf 40h-Woche oder zusätzliche Sonderschichten wie Sonn- und Feiertags). Mitbestimmungsrechte des Betriebsrates sowie die Regelungen des ArbZG sind bei Mehrarbeit zu beachten. Durch Veränderungen Bei der Urlaubsabwicklung und -planung ist durch Veränderungen eine Deckung des Mehrbedarfs an Mitarbeitern zu erreichen. So kann eine in einem bestimmten Zeitraum eigentlich nicht verfügbare Kapazität dennoch genutzt werden. Der Arbeitgeber darf zwar gem. BUrlG den Urlaub der Mitarbeiter einseitig festlegen, hat jedoch aber dabei die Interessen der Arbeitnehmer zu berücksichtigen. Neben den rechtlichen Aspekten sollten auch Arbeitnehmer unter Gesichtspunkten der Motivation auf Urlaubsverschiebungen nur im Notfall zurückgegriffen werden[17].

Personalverwaltung

Die Personalverwaltung ist ein Teil des Personalwesens und diesem dadurch zugeordnet. Alle administrativen Aufgaben werden direkt vom Personalwesen wahrgenommen. Eine Ausnahme bildet hierbei die Entgeltrechnung, die üblicherweise in einer oder mehreren eigenständigen Organisationseinheiten, dem Personalrechnungswesen, besteht. Da es sich hierbei um eine Nebenbuchhaltung handelt, kann

---

[17] Vgl. Freund A., et al., Praxisorientierte Personalwirtschaft, Wiesbaden 2000, S. 70; Hentze, J. /Kammel, A., Personalwirtschaft, Wiesbaden 2000, S.261; Olfert, A., Personalwirtschaft, Ludwigshafen 2005, S. 123.

sie sowohl dem Personal als auch dem Rechnungswesen zugeordnet werden. Die Personalverwaltung ist die Grundlage, auf der das gesamte Personalwesen seine Tätigkeiten aufbaut. Die Daten, die hier gewonnen werden, dienen allen übergeordneten Stellen als Basis in sämtlichen Personalfragen. Gerade in größeren Unternehmen (Coppenrath & Wiese, Dr. Oetker) spielt sie deshalb eine angemessene wichtige Rolle, ohne jedoch selber Entscheidungsträger zu sein. Ihr kommt daher die Position einer Stabsstelle gleich. Die Arbeit in der Personalverwaltung ist durch zahlreiche Regelungen und Verordnungen gekennzeichnet. Gründe für diese recht starre Bürokratie innerhalb der Personalverwaltung liegen in

- gesetzlichen und behördlichen Bestimmungen sowie Anforderungen der Sozialversicherungsträger
- tariflichen und betriebsinternen Vereinbarungen
- innerbetrieblichen Anforderungen des Managements und anderer übergeordneter Stellen.

Eine Neu- oder Umgestaltung der Personalverwaltung ist aufgrund dieser Bestimmungen nur sehr eingeschränkt möglich. Die hohe Komplexität und die starken Reglementierung der Personalverwaltung setzen ein entsprechend geschultes Personal in diesem Bereich voraus. Grund steuerrechtlicher und sozialversicherungspflichtiger Vorschriften und die Weiterleitung der Abzugsbeträge an das Finanzamt bzw. die Sozialversicherungsträger" das Nettogehalt ermittelt wird. Nach der Berechnung der Abzüge (z. B. Lohnpfändungen und Vorschußverrechnungen) und der Zuschläge (z. B. Essensgeld, Nachtarbeit, Feiertagsarbeit), die in die Nettoabrechnung eingehen, ergibt sich der Auszahlungsbetrag. Sie fallen an bei allen personalbezogenen Vorgängen wie

- Einstellungen
- Arbeitsplatzwechsel
- Versetzungen
- Beförderungen
- Kündigungen und sonstige Austritte
- sonstigen Veränderungen

Die Personalverwaltung hat alle amtlichen Erfordernisse dieser Vorgänge durchzuführen. Einige dieser Vorgänge wie z. B. die, Kündigungen, Einstellungen und Versetzungen von Arbeitnehmern benötigen die Zustimmung des Betriebsrates. Grundlage hierfür ist das Betriebsverfassungsgesetz vom 15.01.1972, neu geregelt zum 01.01.1989.

Informationsaufgaben

Die Personalverwaltung stellt dem Personalwesen und andere Abteilungen zahlreiche Informationen zur Verfügung. Die Gewinnung dieser Informationen sowie deren Aufbereitung und Verdichtung gehört zu ihren Aufgaben. Die Daten sind sowohl für Mitarbeiter als auch für die gesamte Belegschaft bereitzustellen. Die Informationen haben folgenden Anforderungen zu genügen:

- Aktualität
  Die Daten müssen kurzfristig verfügbar sein. Nur so ist es möglich das Personalwesen zu überwachen und bei Bedarf schnell zu reagieren.
- Fehlerfreiheit
  Bei der Dateneingabe und -verarbeitung dürfen keine Fehler gemacht werden, da ansonsten die darauf beruhenden Entscheidungen für das Unternehmen und /oder einzelne Mitarbeiter fatale Folgen haben könnten.
- Transparenz
  Die Informationen müssen die Gegebenheiten und Vorgänge realistisch und richtig (siehe oben) widerspiegeln.
- Aussagekraft
  Die Daten müssen so aufbereitet werden, das der Entscheidungsträger aufgrund der Ergebnisse seine Entscheidungen treffen kann, d. h. sie müssen detailliert und vergleichbar (z. B. mit Vorjahresdaten, Soll-Ist-Vergleich) sein.
- Wirtschaftlichkeit
  Für die Personalverwaltung gilt wie für jede andere Abteilung eines Unternehmens, das sie kostenminimal, aber effizient, also wirtschaftlich arbeitet.

EDV-gestützte Personaldatenbanken

Die Personalverwaltung bedient sich heute überwiegend computergesteuerter Verwaltungssysteme, sogenannten Personaldatenbanken. Diese Informationssysteme sind in der Lage große Mengen von Informationen in kurzer Zeit zu bearbeiten und zu verwalten. Da heutzutage selbst Kleinstunternehmen sich dieses Hilfsmittels bedienen, kommt der manuellen Verwaltung in der Praxis kaum noch Bedeutung zu.

Ein interaktives Personalinformationssystem dessen Kernstück bis zu vier Datenbanken sind, die miteinander verknüpft sind:

- Personaldatenbank
  Alle Daten, die für den Personaleinsatz, die Personalentwicklung usw. benötigt

werden und sowohl speicherfähig als auch zulässig sind, werden in dieser Datenbank gespeichert.
- Stellendatenbank
  Hier sind alle Informationen über die zu besetzenden Stellen enthalten.
- personalwirtschaftliche Methodenbank
  Diese dient der Bereitstellung der genutzten Software sowie der Verarbeitungs- und Auswertungsmethoden.
- Unternehmensdatenbank
  Speichert alle für die Personalarbeit wichtigen Unternehmensdaten.

Zusätzlich besteht die Möglichkeit auf externe Quellen zurückzugreifen. Der Vorteil eines solchen interaktiven Systems liegt auf der Hand: Alle wichtigen Informationen sind unmittelbar abrufbereit. In der Praxis findet dies jedoch wenig Beachtung, da die EDV heute noch vorwiegend für administrative Aufgaben, für die Ermittlung statistischer Kennzahlen sowie für die Durchführung von Lohn- und Gehaltsabrechnungen genutzt wird.

Arbeitsteilige Personalverwaltung

Merkmal dieser Methode ist die Arbeitsteilung zwischen Mensch und Computer. Der Mitarbeiter gibt die Daten in den Rechner ein und überlässt diesem dann die Verarbeitung und Verwaltung.

Dieses System ist aber nur beschränkt tauglich, da es sehr fehlerträchtig und zeitintensiv bei der Dateneingabe ist und dadurch die Anforderungen der Aktualität und Fehlerfreiheit nicht ausreichend erfüllt werden. Besser geeignet, aber auch mit mehr Aufwand verbunden, ist die Personalverwaltung im Dialog. Dabei gibt der Mitarbeiter die Daten und Befehle direkt in sein Terminal ein und der Computer vergleicht diese mit bereits gespeicherten Daten. Entdeckt er Fehler wird sofort eine Warnmeldung ausgegeben und eine Weiterbearbeitung erst ermöglicht, wenn die Daten korrigiert wurden. Durch die automatische Bearbeitung durch den Computer wird die Arbeit wesentlich erleichtert und beschleunigt. Damit sind die beiden entscheidenden Nachteile der arbeitsteiligen Personalverwaltung aufgehoben. Die Nachteile dieses Systems liegen in der höheren Anforderung an die verwendete Hard- und Software, sowie die damit verbundenen Kosten, was aber aufgrund der technischen Entwicklung und der sinkenden Preise für Computersysteme nur noch für kleinere Unternehmen ein Problem darstellt.

Personaldateien/Akten

Die Personaldateien enthalten alle wichtigen Informationen über einen Mitarbeiter und seinen Arbeitsplatz. Es sind zu unterscheiden:

- Personalstammdatei
- Arbeitsplatzstammdatei
- Führungsdatei

Daneben werden teilweise noch andere Dateien geführt, deren Informationen aber auch in einer der oben genannten Dateien enthalten sein können, z. B. eine Tätigkeits- oder Fähigkeitsdatei.

Die Personaldateien sind äquivalent mit den Datenbanken des interaktiven Personalinformationssystems.

In der Personalakte werden alle Belege, die für das Arbeitsverhältnis wichtig sind, gesammelt. Abgelegt werden hierin

- Personalangaben
  Bewerbungsschreiben, Zeugnisse, Personalbogen usw.
- Verträge
  Arbeits-, Änderungs- und sonstige Verträge
- Tätigkeitsbelege
  Versetzungen, Tätigkeitsbereich, Stellenbeschreibungen usw.
- Entgeltbelege
  Mitteilungen über Lohn und Gehalt, Lohnsteuer und Sozialversicherungsbeiträge
- Abwesenheitsbelege wegen Urlaub, Krankheit usw.
- sonstiger Schriftverkehr

Alle relevanten Daten und Schriftstücke sind so im Idealfall in einer Akte zusammengefasst. Auch wenn Schriftstücke außerhalb der eigentlichen Personalakte an einem oder mehreren anderen Orten archiviert werden, gehören diese zur Personalakte, soweit sie den Charakter eines den Arbeitnehmer betreffenden Belegs oder Urkunde haben, die üblicher Weise in der Personalakte abgelegt werden. Dies kann von Bedeutung sein, wenn ein Mitarbeiter sein Recht auf Einsicht in seine Personalakte in Anspruch nimmt. Ihm ist dann seine vollständige Akte vorzulegen. Weitaus handlicher als die Personalakte ist die Personaldatei, in der aber keine Schriftstücke gesammelt werden. Sie enthält nur die wichtigsten zur allgemeinen Arbeit benötigten Informationen. Sie kann nach konventioneller Weise als Karteikartensystem aber auch computerunterstützt sein. Letzteres erfordert einen Ausdruck, der anstelle der Karteikarte erstellt wird und der bei jeder Änderung neu gedruckt wird und den alten Ausdruck ersetzt. Die modernste Variante ist die ausschließlich computergesteuerte Dialogverarbeitung, bei der die Daten nur auf dem Bildschirm erscheinen. Die Personalkartei entfällt hier und wird durch einen entsprechenden Datensatz, der in geeigneter Form auf dem Bildschirm dargestellt wird, ersetzt.

Datenschutz

Das Bundesdatenschutzgesetz (BDSG) verpflichtet Unternehmen unter bestimmte Voraussetzungen zur Sicherung personenbezogener Daten vor Missbrauch. Hierunter fallen alle Organisationen, die für eigene oder fremde Zwecke Personendaten elektronisch speichern und verarbeiten.

Datenschutz:

Unter personenbezogenen Daten versteht man „Einzelangaben über persönliche und sachliche Verhältnisse einer bestimmten oder bestimmbaren natürlichen Person".[18] Ziele des Datenschutzes sind:

- Privatsphäre der Mitarbeiter
- Vertraulichkeit persönlicher Daten
- Verhinderung des Missbrauchs dieser Daten.

Die Erfordernisse des Datenschutzes ergaben sich durch die zunehmende Ausbreitung des Computers und den damit verbundenen erhöhten Missbrauch durch bessere Möglichkeiten der Datenverarbeitung und -selektion.

Maßnahmen

Bei konventioneller Archivierung sind die überwiegenden Maßnahmen die Zugriffsbeschränkung auf die Personalakte und -kartei auf einen kleinen, überschaubaren Kreis von Mitarbeitern und die damit verbundene Verwahrung an einem gesicherten Ort.

Das BDSG stellt eine Reihe von Anforderungen an maschinenlesbare Daten unter die z. B. die Zugriffsbeschränkung auf bestimmte Mitarbeiter bzw. auf be-

---

[18] Olfert, A., Die Personalwirtschaft, Ludwigshafen 2005, S. 645.

stimmte Datenfelder durch Passwortkontrolle, die Nachvollziehbarkeit der Dateneingabe, -änderung und -einsicht durch die Mitarbeiter, die Sicherung vor versehentlichen bzw. unbefugten Ändern oder Löschen der Daten usw. Daten dürfen daher nur nach bestimmten Kriterien, oft auch nur von zwei Zugriffsberechtigten gemeinsam, geändert oder ergänzt werden. Auch sind nicht jedem Mitarbeiter alle Daten zugänglich zu machen, sondern auf ein Mindestmaß zu reduzieren.

Datenschutzbeauftragter

Zur Überwachung des Datenschutzes haben Betriebe, die personenbezogene Daten maschinell speichern, einen Datenschutzbeauftragten zu bestellen, wenn sie mindestens fünf ständig beschäftigte Arbeitnehmer haben. Bei Unternehmen, die auf konventionelle Weise Personaldaten ablegen, ist ein Datenschutzbeauftragter erst ab 20 Mitarbeitern vorgeschrieben. Aufgaben des Datenschutzbeauftragten sind:

- Beaufsichtigung der Einhaltung der Datenschutzbestimmungen
- Information und Belehrung aller mit personenbezogenen Daten arbeitenden Mitarbeiter, ggf. auch Schulungen über den richtigen Umgang mit solchen Daten
- Durchführung der ordnungsgemäßen Berichtigung, Löschung und Sperrung von personenbezogenen Daten
- Überwachung der ordnungsgemäßen Anwendung personenbezogener Daten
- Führung einer Übersicht über die Art der gespeicherten Daten sowie aller Empfänger dieser Daten
- Ferner hat der Datenschutzbeauftragte die Verantwortung für die sichere Verwahrung aller unter das BDSG fallender Daten.
- Damit eine Beeinflussung des Datenschutzbeauftragten ausgeschlossen wird, ist er nicht weisungsgebunden und berichtet direkt der Geschäftsleitung.

Personalstatistik

Die Personalstatistik hat die Aufgabe alle mit dem Personal anfallenden Daten zu verdichten und zu Kennzahlen zu verarbeiten. Diese dienen dazu einem schnellen Überblick über die im Unternehmen herrschende Situation zu erhalten. Somit werden sie u. a. von der Personalplanung, der Personalpolitik, der Kontrolle und als Grundlage für das Personalcontrolling genutzt.

Die Personalstatistik lässt sich in drei Bereiche unterteilen:

- Personalstruktur
  Hierunter fallen alle Mitarbeiterdaten, insbesondere über die demographische Zusammensetzung im Unternehmen, wie z. B. Alter, Geschlecht, Betriebszugehörigkeit, sowie Daten über den Arbeitsplatz, wie z. B. Abteilungszugehörigkeit, Stundenzahl und Position.
- Personalbewegung
  Alle sich verändernden Ereignisse, wie beispielsweise Einstellungen, Austritte, Beförderungen, Fortbildungsmaßnahmen, werden hier ermittelt.
- Personalaufwand
  Wichtige Daten sind hier die Höhe des Personalaufwandes, die Verursacher, aber auch Leistungsdaten, wie Leistungsmenge und die Qualität nennen als vierten Bereich noch den Sozialaufwand, der aber auch dem Personalaufwand zugeordnet werden kann.

Kennzahlen

Die Personalstatistik bedient sich der Kennzahlen für

- die Arbeitsleistung
- den Personalaufwand
- die Arbeitszeit
- die Arbeitsbewertung
- die Personalentwicklung
- die Fluktuation
- die Arbeitszufriedenheit

Diese Kennzahlen stellen die Basis für Personalentscheidungen dar. Sie dienen als Beurteilungs- und Messgrößen. Im Vergleich mit vorangegangen Daten lassen sich Trends ableiten und Frühwarnsysteme entwickeln. Setzt man verschiedene Kennzahlen zueinander in Beziehung lassen sich Rückschlüsse auf Gründe für diese Trends ablesen. Dabei sollen die Daten einen schnellen und aussagekräftigen Überblick über das Unternehmen bieten.

Sozialwesen

Der Personalverwaltung ist neben den administrativen Aufgaben des Personalwesens oft sinnvoller Weise die Verwaltung und Organisation des Sozialwesens unterstellt, da hier Belange der Mitarbeiter betroffen sind. Die betriebliche Sozialpolitik wird nach dem

- *Minimalprinzip*
  Das Unternehmen versucht nur so wenige Sozialleistungen wie nötig einzusetzen.
- *Maximalprinzip*
  Es werden möglichst viele Sozialleistungen angeboten, um die unten genannten Motive umzusetzen.
- *Zufallsprinzip*
  Das Prinzip lässt dem Unternehmer die Möglichkeit offen, Sozialleistungen nach Belieben zu verteilen, hat aber in der Praxis kaum Bedeutung.

Gründe für ein betriebliches Sozialwesen

Das Sozialwesen ist ursprünglich in der Zeit der Frühindustrialisierung aus der moralischen Verpflichtung des Dienstherren für das Wohlergehen und die soziale Sicherung seiner Mitarbeiter heraus entstanden. Es war eine freiwillige Leistung des Arbeitgebers, der dafür wiederum die Treue seiner Untergebenen erwartete. Es wurden somit auch wirtschaftliche Ziele verfolgt, die heute überwiegend als Gründe für das betriebliche Sozialwesen angeführt werden. Noch in den siebziger Jahren wurden Sozialleistungen, wie z. B. Werkswohnungen oder Kreditvergabe für Mitarbeiter zum Wohnungsbau, vergeben, um Mitarbeiter zu gewinnen bzw. zu binden. Ein Beispiel hierfür ist die OKD-Siedlung in Osnabrück, die durch die Kredite der „Osnabrücker Kabel und Draht Werke" (OKD) (heute KM Europa Metal AG) an ihre Arbeiter ermöglicht wurde. Auch wenn in diesem Kontext die Mitarbeitergewinnung heute eine untergeordnete Rolle spielt, so ist die Mitarbeiterbindung doch immer noch ein Hauptgrund für das Sozialwesen.

Auch die Identifikation mit dem Unternehmen und das Wohlergehen der Mitarbeiter sowie eine daraus erwartete Leistungs- und Motivationssteigerung ist ein Motiv für die Aufrechterhaltung des Sozialwesens. „Die Leistungsfähigkeit der Mitarbeiter zu erhalten, ist das wichtigste Ziel der Sozialpolitik des Unternehmens".[19]

---

[19] Stenzel, H., Coaching und Supervision. Personalentwicklung, Stuttgart 2006, S. 313.

Heute stellen viele Arbeitgeber die Notwendigkeit betrieblicher Sozialleistungen aufgrund des hohen Kostendrucks in Frage und versuchen diese abzubauen. Andere dagegen bauen ihr altes Sozialleistungssystem zu einem modernen um. Viele ehemals sozialen Leistungen des Arbeitgebers sind heutzutage, tariflich oder gesetzlich geregelt, z. B. Hygienemaßnahmen, Unfallschutz usw.

Arten der Sozialleistungen

Die Sozialleistungen lassen sich in gesetzliche, tarifliche und betriebliche (freiwillige) Leistungen einteilen. Gesetzliche Sozialleistungen sind durch den Gesetzgeber zwangsweise eingeführt worden (z. B. Versicherungsbeiträge), während die tariflichen Leitungen des Sozialwesens im Rahmen der Tarifpolitik der Gewerkschaften und Arbeitnehmerverbände entstanden sind (z. B. Arbeitsbedingungen, Rentenbeihilfe). Sozialleistungen sind Zusatzleistungen die der Betrieb aus sozialen und/oder ökonomischen Überlegungen anbietet. Es besteht zunächst kein Anspruch auf betriebliche Leistungen. Bei mehrmaliger Gewährung (in der Regel nach dem dritten Mal) solcher Leistungen entsteht allerdings ein Rechtsanspruch.

Zusätzlich lässt sich eine Unterteilung in finanzielle, materielle und immaterielle Sozialleistungen vornehmen. Beispiele für betriebliche Sozialleistungen sind

- die Kantine
- die betriebliche Altersversorgung, die auch immer mehr an sozialpolitischer Bedeutung gewinnt
- der Betriebsarzt
- der Werkskindergarten
- die Arbeitshygiene
- Weihnachts- und Urlaubsgeld. Diese Aufzählung lässt sich beliebig ergänzen.

Sozialleistungen werden an alle Mitarbeiter vergeben ohne Rücksicht auf deren Leistung oder Position.

An zwei Beispielen wird kurz erläutert, wie ein modernes Sozialsystem aufgebaut sein kann:

Beispiel 1: Cafeteria-System

In den USA wurde dieses System entwickelt und erfreut sich dort wachsender Beliebtheit bei Arbeitgebern und -nehmern. Gedanke hierbei ist, dass jeder Arbeitnehmer soziale Bedürfnisse hat. Deshalb haben die Mitarbeiter im Cafeteria-System die Möglichkeit aus verschiedenen angebotenen Sozialleistungen die auszuwählen, die sie am sinnvollsten halten. Ein Budget steht jedem Arbeitnehmer zur freien Verfügung. Der Arbeitnehmer ist somit nicht nur Empfänger, sondern auch Gestalter des Entgelts[20]. Dieses bietet neben den Vorteilen der Auswahl auch den Nachteil eines hohen Verwaltungsaufwandes. Deshalb wird es oft auch nur für Führungskräfte zugreifbar gemacht.

Beispiel 2: Fehlzeitenphänomen

Die Frage 'Warum fehlen eigentlich die, die fehlen?' stellen sich die Unternehmen schon seit Jahren. Trotz eines steten Rückganges der Fehlzeitenquoten in Deutschland wird das Fehlzeiten-Thema von den Unternehmen immer noch kontrovers diskutiert. Ergebnis dieser Diskussionen sind zahlreiche konstruktive und weniger konstruktive Maßnahmen, um diesem Problem Herr zu werden. Ziel dieses Buches ist es, in einem ersten Schritt die verschiedenen Erscheinungen von Fehlzeiten und deren Bedeutung für die Unternehmen darzustellen. Einem Überblick über die Erfassung und Analyse von Fehlzeiten schließt sich eine Aufzählung von Faktoren an, die die Höhe der Fehlzeiten beeinflussen. In einem letzten Schritt geht es darum, Möglichkeiten zur Reduzierung der Fehlzeiten aufzuzeigen und zu bewerten.

Fehlzeiten

Zu allererst sei darauf hingewiesen, dass der Begriff Fehlzeit sowohl in der wissenschaftlichen Literatur als auch in der betrieblichen Praxis unterschiedlich interpretiert wird. Eine einheitliche Definition der Fehlzeiten ist nicht bekannt und macht einen Vergleich zwischen Unternehmen und Branchen schwierig. Beispielsweise versteht man unter Fehlzeiten die Arbeitszeit, die dem Unternehmen fehlt, worauf das Unternehmen aber einen Anspruch hätte[21]. Eine ähnliche Begriffsbestimmung die zu den Fehlzeiten jene Zeiten zählen, in denen die Arbeitnehmer dem Unternehmer nicht zur Verfügung stehen[22]. Die Fehlzeiten lassen sich pauschal in die

---

[20] Vgl. Oechsler, W., Personalwirtschaft unter Einbeziehung des Arbeitsrechts, München, 1997 S. 401.
[21] Vgl. Bitzer, B.: Fehlzeiten als Chance, Bremen 2005, S. 4.
[22] Vgl. Brandenburg, U./ Nieder P.: Betriebliches Fehlzeiten-Management: Anwesenheit der Mitarbeiter erhöhen; Instrumente und Praxisbeispiele, Wiesbaden 2003, S. 15.

Bereiche Krankenstand, Freistellung und Absentismus definieren[23]. Andere wiederum grenzen die Ausfallzeiten, welche dem Mitarbeiter aufgrund gesetzlicher Regelungen gewährt werden müssen, von den eigentlichen Fehlzeiten im engeren Sinne ab.[24] Dazu gehören vor allem Arbeitsunfälle, Kuren und Krankheiten. Tarifurlaub, bezahlter Sonderurlaub, berufliche Weiterbildungen, Wehrdienst, Mutterschutzzeiten etc. fallen somit in den Bereich der „Fehlzeiten im weiteren Sinne"[25] und sind kaum beeinflussbar. Mit der Einteilung der Fehlzeiten und dem Krankenstand werden viele die diese Ansicht sind vertreten[26]. Bei diesen Begriffen zeigen sich ebenfalls Lücken in einer einheitlichen Definition und Abgrenzung voneinander. So definiert die Europäische Stiftung in ihrer Studie Absentismus als „vorübergehende, verlängerte oder ständige Arbeitsunfähigkeit infolge einer Krankheit oder Behinderung"[27].Im Gegensatz dazu bezeichnet man jede Abwesenheit vom Arbeitsplatz, einer besonderen Einstellung und Motivation, als Absentismus(einer Verpflichtung nicht nachkommen)[28].

Bedeutung von Fehlzeiten

Die Fehlzeitenthematik in den Unternehmen ist aktueller denn je. Zwar zeigt sich in den letzten Jahren eine positive Entwicklung, doch wollen Unternehmen ihre Fehlzeiten dauerhaft senken, ist Kontinuität und Ausdauer gefragt. Dauerhafte Erfolge können nur erzielt werden, wenn nicht nur die Fehlzeiten, sondern auch deren zugrunde liegenden Probleme beseitigt werden.

Ein hoher Krankenstand in einem Unternehmen ist laut P. Harzt ein Anzeichen für Missstände und Versäumnisse und somit auch ein Anzeichen für Führungsdefizite.

Die Literatur ist sich einig, dass die Fehlzeiten einen erheblichen Kostenfaktor im Unternehmen darstellen.

U. Brandenburg/P. Nieder betrachten ergänzend Fehlzeiten nicht nur als Kostengröße sondern zusätzlich auch als Störgröße und Signal. Fehlzeiten sollen dement-

---

[23] Vgl. Becker, M.: Krankheitsbedingte Fehlzeiten in ostdeutschen und westdeutschen Unternehmen: eine Untersuchung zur Analyse und Maßnahmeplanung, Halle (Saale) 1997, S. 3 ff.
[24] Vgl. Maib, J.: Fehlzeiten: Eine Untersuchung zu Begriff, Struktur und Bedingungen des Abwesenheitsverhaltens von Arbeitnehmern, Göttingen 1981, S. 31 ff.
[25] Olfert, A. Personalwirtschaft, 11. Auflage, Ludwigshafen 2005, S. 289.
[26] Vgl. Piorr, R.: Rückkehrgespräche – Chance für geringe Fehlzeiten bei gleich bleibender Arbeitsleistung? München 2001, S.12.
[27] O.V.: Die Verhinderung von Absentismus am Arbeitsplatz: zusammenfassender Bericht einer Forschungsstudie/Europäische Stiftung zur Verbesserung der Lebens- und Arbeitsbedingungen, Köln 1997, S. 11.
[28] Vgl. Trebesch, K.: Fehlzeiten in Betrieb und Verwaltung, Bern/ Stuttgart 1979, S. 41.

sprechend nicht ausschließlich negativ betrachtet werden. Sie sind Symptome und Signale dafür, dass im Unternehmen etwas nicht stimmt und verändert werden sollte.

B. Bitzer sieht in seinem Buch *Fehlzeiten* sogar als eine Art Chance für das Unternehmen an, um durch Ursachenforschung zu eventuell „neuen (Ein-)Sichten zu gelangen".[29]

Laut Berechnungen der Bundesanstalt für Arbeitsschutz und Arbeitsmedizin betrug 2002 die Höhe der krankheits- und unfallbedingten Fehltage 491 Millionen. Im Vergleich dazu gingen der deutschen Industrie 1994 noch ca. 574 Millionen Arbeitstage verloren. Dieser leicht positive Trend gibt keinerlei Anlass zur Entwarnung. Denn das Ausmaß des Produktionsausfalls, verursacht durch Fehlzeiten, wurde im Jahr 2002 auf stolze 44,15 Milliarden Euro betitelt.

Dem Autor P. Kunz folgend belaufen sich die Ausfallzeiten für Krankheit, Lohnfortzahlungen und Personaltransfer- und Vertretungskosten sogar auf ca. 50 Milliarden Euro pro Jahr.

Auf Grund dieser immensen Kosten haben immer mehr Unternehmen erkannt, dass sie aktiv etwas gegen die zu hohen Fehlzeiten ihrer Belegschaft tun müssen. So konnten beispielsweise in einem Produktionsbetrieb mit ca. 350 Angestellten die Fehlzeiten um 1,9 Prozent von 9,0 auf 7,1 Prozent gesenkt werden. Dadurch verringerten sich die Kosten für Lohnfortzahlungen um 100.000 Euro. Die Kosten lassen sich unterteilen in direkte und indirekte Kosten.

Direkte Kosten entstehen dem Unternehmen laut U. Brandenburg/P. Nieder unter anderem durch sinkende Produktivität, hohe Unfallversicherungs- und Ausgleichzahlungsprämien, hohe Fluktuation der Beschäftigung und hohe indirekter Personalkosten.

Indirekte Personalkosten sind unter anderem die Arbeitgeberbeiträge zur Krankenversicherung, gesetzliche Unfallversicherung und Kosten für den betrieblichen Gesundheitsdienst.

Auch Kosten durch Ersatzkräfte und deren Einarbeitung, Überstunden der noch anwesenden Mitarbeiter, ungenügende Produktionsauslastung, Opportunitätskosten durch entgangene Gewinne und Lieferschwierigkeiten inkl. der folgenden Konventionalstrafen zählen zu den direkten Kosten.

Dem gegenüber stehen die indirekten Kosten, die sich nur schwer in Geldeinheiten ausdrücken lassen. U. Brandenburg/P. Nieder zählen z. B. ein „schlechtes Firmenimage, mangelnde Arbeitsmoral, niedrige Arbeitszufriedenheit sowie eine negative Einstellung der Mitarbeiter zum Unternehmen"[30] dazu.

---

[29] Bitzer, B., Fehlzeiten als Chance, Bremen 2005, S. 4.
[30] Brandenburg, U. /Nieder, P., Betriebliches Fehlzeiten-Management: Anwesenheit der Mitarbeiter erhöhen. Instrumente und Praxisbeispiele, Wiesbaden 2003, S. 42-46.

Fehlzeiten sind aber keineswegs nur ein gewaltiger Kostenfaktor. Sie stellen auch einen Störfaktor für den betriebswirtschaftlichen Ablauf dar. Der Störfaktor betrifft alle Beteiligten, das heißt nicht nur die eigentlich betroffenen Mitarbeiter sondern auch deren Kollegen und Vorgesetzten. Die Kollegen, die immer anwesend sind, werden stärker belastet, wenn Mitarbeiter fehlen. Auch für die Vorgesetzten sind Fehlzeiten in ihrem Bereich immer mit zusätzlichem Aufwand, in Form von organisatorischen Umstellungen, verbunden. Sie müssen die nicht besetzten Arbeitsplätze versuchen, zu kompensieren, um somit den reibungslosen Produktionsablauf weiterhin zu garantieren. Zunächst hat er dabei zusätzlichen Stress und unter Umständen lässt er den Dampf bei den noch anwesenden Kollegen ab.

Für die eigentlich betroffenen Arbeitnehmer fangen die Probleme mit dem Fehlen an. Die Arbeit bleibt teilweise liegen und häuft sich bis zur Rückkehr ins Unternehmen. Hier kommen dann die Probleme auf ihn hinzu, die zum Fehlen geführt haben. Besondere Bedeutung haben die Fehlzeiten als Signal. Sie stellen einen wichtigen personalwirtschaftlichen Frühwarnindikator dafür dar, ob es betriebliche Missstände und Defizite gibt.

Vereinfacht lässt sich sagen, wer sich im Unternehmen wohl fühlt, fehlt seltener.[31] Das heißt, auch je höher die Fehlzeiten im Unternehmen sind, desto mehr sollte das Unternehmen in die interne und externe Ursachenforschung investieren.

Erfassung von Fehlzeiten

Die Erfassung der Fehlzeiten basiert im Raum Deutschland überwiegend auf innerbetrieblichen Statistiken, Statistiken der Krankenkassen und des Bundesministeriums für Arbeit und Sozialordnung. Aufgrund der angesprochenen unterschiedlichen Definitionsauslegungen ergeben sich auch innerhalb dieser drei genannten Erfassungsmöglichkeiten erhebliche Unklarheiten bezüglich der Erhebungsmethoden und -kategorien. Ein direkter Vergleich zwischen den einzelnen Unternehmen und Branchen ist dadurch nur bedingt möglich. Das Bundesministerium für Arbeit und Sozialordnung beispielsweise erfasst die Fehlzeiten nur stichtagsbezogen, jeweils zum Monatsersten. Diese Statistik weist ein verzehrtes Bild über den tatsächlichen Umfang der Fehlzeiten aus, da zum einen drei gesetzliche Feiertage in die Auswertung mit hineinfließen und gerade am Monatsanfang in den Betrieben die höchsten Fluktuationszahlen durch Neueinstellungen und Kündigungen zu verzeichnen

---

[31] Vgl. Wunderer, R., Führung und Zusammenarbeit, Neuwied/Kriftel 2001, S. 417.

sind. Eine Verallgemeinerung für den kompletten Monat wäre dann mit dieser Methode nur eingeschränkt gültig.

Bei der Datenerhebung bezüglich der Fehlzeiten der Beschäftigten des Freistaates Bayern 2005 „werden sämtliche Tage erfasst, an denen die Beschäftigten zur Dienstleistung verpflichtet gewesen wären, aber aufgrund einer Erkrankung dazu nicht in der Lage waren".[32] Nicht in dieser Statistik erfasst werden Krankheitstage, die auf Feiertage oder Wochenenden fallen, Kuren und Mutterschutzzeiten. Ein Beispiel für die innerbetriebliche Erfassung von Fehlzeiten liefert die AGA-Analyse. Diese Analyse betrachtet den norddeutschen Groß- und Außenhandel sowie den unternehmensbezogenen Dienstleistungssektor. Datenbasis für den erstellten Fehlzeiten-Report des AGA Unternehmensverbands ist eine Umfrage unter den rund 3000 Mitgliedsunternehmen aus Groß- und Außenhandel und Dienstleistung der Küstenländer. Die dieser Umfrage zugrunde liegenden Fehlzeitendaten ergeben sich z. B. aus den Gehaltsabrechnungsprogrammen der jeweiligen Unternehmen.

Die Statistik der Krankenkassen ist die in der deutschen Wirtschaft bekannteste Methode der Fehlzeitenerfassung. Der alljährliche Fehlzeitenreport stützt sich dabei auf die Erhebungen der AOK Krankenkasse des Vorjahres, da sie den größten Marktanteil besitzt und somit über die umfangreichste Datenbank aller als arbeitsunfähig gemeldeten Mitglieder verfügt. Es werden hierbei nur die Fehlzeiten erfasst, welche mit einem ärztlichen Attest nachgewiesen werden. Gerade die kritischen Fälle, die so genannten Kurzzeiterkrankungen von 1-3 Tagen Dauer, die kein Attest bedürfen, werden nicht erfasst. Ein weiterer Kritikpunkt an dieser Fehlzeitenerhebung ist die Einbeziehung von Wochenenden und Feiertagen, da die Erfassung der Fehlzeiten in Kalendertagen und nicht in Arbeitstagen erfolgt.

Ermittlung von Kennzahlen

Über die Bedeutung der Fehlzeiten wurde bereits geschrieben. Speziell im Personalcontrolling stellen die betrieblichen Fehlzeiten eine wichtige Kennzahl dar. In der Literatur werden im Bezug auf die Fehlzeiten die Kennzahlen Krankenstand, Gesundheitsquote und Krankenquote ermittelt.

---

[32] Schönning, H., Potenzial, Hamburg 2010, S. 19-22.

Krankenstand in %

Neben dieser Kennzahl liefert die Literatur eine weitere Fehlzeitenkennzahl, die Krankheitsquote. Bei der Berechnung dieser Kennzahl werden zahlreiche Spielräume deutlich. So erfolgt die Ermittlung der Krankenquote pro Mitarbeiter nach U. Wenderlein wie folgt:

Krankheitsquote in %

G. Lisges/F. Schübbe dagegen setzen bei ihrer Berechnung der Krankenquote die Fehltage ins Verhältnis zu den Sollarbeitstagen, unter Beachtung zweier Prämissen. Zum einen werden nur die Mitarbeiter mit in die Berechnung einbezogen, die zum eigentlichen Personalstand gehören und zum anderen fließen nur die Fehltage in die Berechnung mit ein, die auf diese Personengruppen entfallen.

Eine dritte Berechnungsalternative liefert die Volkswagen AG mit dieser Gleichung:

Krankenquote in %

Grundsätzlich erhalten Kennzahlen ihren eigentlichen Stellenwert erst, wenn sie mit anderen vergleichbar gemacht werden. Dabei ist darauf zu achten, dass hier nicht „Äpfel mit Birnen" verglichen werden. Der Kennzahlenvergleich kann grundsätzlich als Zeitvergleich oder als Soll-Ist-Vergleich durchgeführt werden. Beim so genannten Zeitvergleich werden die Kennzahlen über einen bestimmten Zeitraum hinweg gegenübergestellt, um somit Entwicklungstendenzen abschätzen zu können. Der Soll-Ist-Vergleich ist eine Gegenüberstellung von Plankennzahlen und den tatsächlichen Ist-Kennzahlen für einen bestimmten Zeitpunkt oder Zeitraum. Bei der Fehlzeitenanalyse geht es darum, durch die o. g. Vergleiche die ermittelten Kennzahlen zu bewerten, um anschließend gegebenenfalls Maßnahmen einzuleiten, die diese Zustände verbessern können. Um das Fehlzeitenproblem bei der Analyse besser einzuschränken, werden in der Literatur die Vergleiche differenziert betrachtet. Der Differenzierungsgrad ist dabei u.a. abhängig von der Größe und der Besonderheiten des Untersuchungsobjektes. Wie viele unterschiedliche Kriterien zur Analyse herangezogen werden sollen, ist dann also im „Einzelfall pragmatisch zu entscheiden".[33] So unterscheidet die Statistik der AOK die Fehlzeiten unter anderem nach Bundesländern, Betriebsgröße, Stellung im Beruf, Berufsgruppen, Wochentagen. Bei der Fehlzeitenanalyse des Hamburger Senats werden ergänzend die Fehlzeiten hinsichtlich Geschlecht, Alter, Kurzfrist- bzw. Langfristabwesenheiten und saisonalen Schwankungen untersucht. Auf internationaler Ebene vergleicht P. Kunz die Fehlzeiten Deutschlands mit anderen Ländern der EU, die ebenfalls Forschungsergebnisse zu dieser Problematik vorweisen.

Risiken bei der Fehlzeitenanalyse

Aufgrund der nicht standardisierten Ermittlungsverfahren für Fehlzeiten haben die einzelnen Statistiken nur eine relative Aussagekraft. Es ist kaum möglich einen direkten Vergleich zwischen Unternehmen und Branchen durchzuführen. Insbesondere beim internationalen Vergleich stößt man „schnell an die Grenzen der Vergleichbarkeit",[34] denn die Erfassungsmethoden weichen von Land zu Land voneinander ab. So zählt man z. B. in den Niederlanden den Mutterschaftsurlaub zum Krankenstand hinzu und in Schweden werden die ersten zwei Wochen einer Fehlzeit erst gar nicht berücksichtigt, weil diese vom Arbeitgeber bezahlt werden. Über diese Vergleichsschwierigkeiten hinaus besteht wie bei jeder Kennzahl die Gefahr der falschen Interpretation aufgrund unzureichender Informationen. So sagt eine Reduzierung der Fehlzeiten in einem Unternehmen wenig darüber aus, ob sie durch den gezielten Einsatz von Gegenmaßnahmen erreicht wurde, oder evtl. nur durch den Abgang von Langzeitkranken in den Vorruhestand oder durch Entlassungen. Des Weiteren hat die Differenzierung der Fehlzeitenanalyse nach den genannten Gruppen Grenzen. Sobald mehrere Kriterien miteinander verknüpft werden, z. B. Fehlzeiten der weiblichen Mitarbeiter an Montagen im 3. Quartal, besteht die Gefahr, dass die Datenmenge zu klein und somit nicht repräsentativ ist. D.h., die Interpretation hängt insbesondere von der Größe der gewählten Stichprobe ab. „Begriffe wie Signifikanz, Verteilung, Standardabweichung und Varianz sollten für den Personalcontroller keine Fremdwörter sein."[35]

---

[33] Weber, O., Mein Motto, Berlin 1945, S. 47-51.
[34] Simon, H., Suche nach „Mitarbeiter", Mainz 1947, S. 31.
[35] Luwein, F., Mitarbeiter, Kassel 1927, S. 29.

Einflussfaktoren auf Fehlzeiten

Fehlzeiten haben zahlreiche Ursachen, bei deren Untersuchungen sich im Laufe der Zeit eine große Anzahl von Einflussfaktoren ergeben. Die Kategorisierung dieser Faktoren erfolgt in der Literatur auf unterschiedliche Art und Weise. Einigung besteht allerdings darin, dass diese Faktoren mit einander in enger Beziehung stehen und sie fast immer als „Ursachenbündel" vorliegen. D.h. eine einzelne Ursache löst in der Regel noch nicht den Entschluss zum Fehlen aus. So kann z. B. der Gedanke zum Absentismus aufgrund schlechter physischer Arbeitsbedingungen wie Lärm und Staub durch eine ungerechte Entlohnung noch verstärkt werden. Die verschiedenen Einflussgrößen werden im Weiteren systematisch aufbereitet und näher erläutert. Zu den Faktoren, die in der Person des Mitarbeiters liegen, gehören unter anderem Geschlecht, Alter, Familienstand, Qualifikation, private Wohnsituation, Gesundheitszustand und die Einstellung zur Arbeit.

Personal-Controlling

Das Personalwesen hat sich in den letzten drei Jahrzehnten stark verändert. Hatte es früher hauptsächlich administrative Funktionen mit dem Schwerpunkt auf der Verwaltung von Personalakten und der Lohn- und Gehaltsabrechnung, so hat sich das Personalwesen heute zu einer Managementfunktion entwickelt. Diese beinhaltet unter anderem die Personalplanung, die Personalentwicklung und die Personalbetreuung. Ziel ist es, die Potentiale der Mitarbeiter zu entwickeln und zu erhalten, um auch im Personalbereich eine möglichst hohe Wertschöpfung zu erzielen. In vielen Organisationen heißt die Personalabteilung heute Human Resources. Dieser Begriff lässt sich mit vielen Bedeutungen übersetzen, am ehesten trifft aber sicherlich die Übersetzung von Human Resources als menschliche Potentiale zu und genau dies drückt auch den Wandel der Arbeit der Personaler aus. Im Mittelpunkt steht nicht mehr der Mensch als Produktionsfaktor und die Personalabteilung als seine Verwaltungsinstanz, vielmehr ist das Personalmanagement aktiver Teil des gesamten Managementprozesses. Um dieser neuen Herausforderung zu begegnen, bedarf es eines handlungsfähigen Personal-Controllings.

Um die Personalarbeit im Unternehmen wirtschaftlich zu gestalten ist eine einfache Kostenkontrolle nicht ausreichend, da sich der Erfolg in der Personalwirtschaft in erster Linie in qualitativen Größen manifestiert und auf langfristige Sicht zu betrachten ist. Durch qualitative und quantitative Optimierung personalwirtschaftlicher Prozesse kann das Personal-Controlling spezifische Beiträge zur unternehmerischen Wertschöpfung leisten. Der Einsatz von Controlling in der Personalwirtschaft soll das ökonomische Denken und Entscheiden in der Personalarbeit fördern, vor allem durch Steuerung und Evaluation ökonomischer Größen wie Rentabilität, Effizienz oder Effektivität. Um die sozialen Folgen personalpolitischer Entscheidungen abzuschätzen, werden Kriterien wie Arbeitszufriedenheit, Loyalität oder Motivation analysiert.

Ziel dieser Ausarbeitung ist es, einen Überblick über Arten, Aufgaben und Ziele des Personal-Controlling zu schaffen, sowie ausgewählte Methoden und Instrumente darzustellen.

Der Begriff Personal-Controlling

Der Begriff Controlling leitet sich aus dem englischen Wortstamm "control" ab, was vorwiegend Kontrolle, (Über-) Prüfung und Führung bedeutet. Eine eindeutige Definition des Wortes Controlling gibt es allerdings nicht. Es wäre falsch, Controlling schlicht mit Kontrolle zu übersetzen, denn Kontrolle ist lediglich eine Teilfunktion des Controlling. "Im Rahmen betrieblicher Aufgabenerfüllung kann Controlling als integrierte Planung, Lenkung, Steuerung und Regelung von Prozessen bezeichnet werden."[36] Das Personal-Controlling ist ein Teilbereich des betrieblichen Controllings. Es hat eine Beratungsfunktion zur Unterstützung der personalwirtschaftlichen Entscheidungsträger und soll dazu beitragen, Unternehmensziele, die im Zusammenhang mit der Ressource Personal stehen, besser zu erreichen. Das Konzept des Personal-Controllings wird wie folgt definiert: "Personalcontrolling stellt in funktionaler Sicht eine umfassende, systematisch-zielbezogene und integrale Konzeption zur proaktiven Gestaltung, Koordination und Weiterentwicklung personalwirtschaftlicher Planungs-, Kontroll- und Informationsversorgungssysteme und zur Bereitstellung bedarfsgerecht aufbereiteter Informationen zwecks Sicherstellung der Realisierung der personalwirtschaftlichen Ziele dar"[37]. Das Personal-Controlling kann in Teilziele differenziert und damit in drei Ebenen unterschieden werden, die man auch als prozessorientiertes Personal-Controlling bezeichnet und dessen Ziel die Optimierung der Personalarbeit ist.

---

[36] Watson, T., Organisation, Berlin 1914, S. 261.
[37] Vgl. Hentze, J. /Kammel, A., Personalcontrolling, 1993, S. 27.

Effektivitäts-Controlling:

Das Effektivitäts-Controlling betrachtet den Erfolgsbeitrag der Personalarbeit zum Unternehmenserfolg.
Neben dem prozessorientierten Personal-Controllingansatz gibt es das faktororientierte Personal-Controlling, dessen Ziel die Optimierung des Faktoreinsatzes Personal ist, wie z. B. Steigerung der Transparenz, Entscheidungsverbesserung, und damit verbunden die Kostensenkung im Gesamtunternehmen. Das faktororientierte Personal-Controlling unterteilt sich in ergebnisorientiertes und substanzorientiertes Personal-Controlling:

- *Ergebnisorientiertes Personal-Controlling:*
  Beschäftigt sich fast ausschließlich mit den klassischen Aufgabenfeldern des betrieblichen Controlling, Planung, Kontrolle und Steuerung der Kosten des Produktionsfaktors Personal stehen dabei im Vordergrund.
- *Informatives Personal-Controlling:*
  Die Informationsversorgung der betrieblichen Bereiche, der betrieblichen Entscheidungsträger sowie des Top-Managements ist das wichtigste Instrument. Typische Anwendungsgebiete sind die Anzahl der Mitarbeiter, Arbeitskapazitäten, Entgelt und Nebenleistungen oder Personalproduktivität.
- *Substanzorientiertes Personal-Controlling:*
  Die Erfassung, Erhaltung und Weiterentwicklung der Unternehmenssubstanz wird in den Vordergrund gestellt. Es befasst sich mit der Personalstruktur sowie mit der personellen Stabilität. Typische Anwendungsgebiete sind die Erfassung und Pflege von Qualifikations-, Potential- und Strukturdaten der Belegschaft, qualitative Personalplanung und Personalentwicklung.

Quantitatives und qualitatives Personal-Controlling

Ausgangspunkt jeglichen Controllings ist die Kostenbeobachtung, somit sind in allen Sparten des Controllings quantitative Daten vorhanden. Dies sind alle Daten, die sich in Mengen ausdrücken lassen, bezogen auf Personal-Controlling etwa Anzahl der Mitarbeiter, Alter, Betriebszugehörigkeit, Arbeitsstunden, Beträge oder Kosten, betriebswirtschaftliche Daten (Umsatz, Deckungsbeitrag) usw. Sie sind also direkt messbar und müssen nicht über Indikatoren indirekt abgebildet werden. Das Personal-Controlling geht darüber jedoch hinaus, denn da in diesem Bereich Menschen involviert sind, muss neben dem quantitativen Controlling auch der qualitative Aspekt berücksichtigt werden. Qualitative Daten stellen daher eine Besonderheit des Personal-Controllings dar. Es werden also ökonomische und soziale Ziele gleichzeitig verfolgt. Das Controlling in der Personalwirtschaft soll das ökonomische Denken und Handeln in der Personalarbeit verbessern, dafür werden quantitative Daten analysiert. Andererseits sollen auch die sozialen Folgen ökonomischer Entscheidungen abgeschätzt werden können. Dies erfolgt durch die Evaluation qualitativer Aspekte wie z. B. Mitarbeiterzufriedenheit, Mitarbeiterpotentiale oder des Führungsverhaltens.

Operatives und strategisches Personal-Controlling

„Operatives Personalcontrolling betrifft die Effizienz, strategisches Personalcontrolling die Effektivität."[38] Im Rahmen der Effizienz wird betrachtet, ob ein Instrument richtig eingesetzt wird. Beispielsweise ist im Bereich der Kostensteuerung sicherzustellen, dass das Budget eingehalten wird.

Im Bereich der Nutzensteuerung ist zu gewährleisten, dass regelmäßige Gespräche über Zeitmanagement stattfinden.

Operatives Personal-Controlling ist gegenwartsbezogen und orientiert sich unmittelbar am Tagesgeschäft, „welches primär handlungsbezogen auf wiederkehrende Arbeitsvorgänge und Aufgabenstellungen ausgerichtet ist."[39]

Das Personal-Controlling analysiert kurz- und mittelfristige Maßnahmen im Personalbereich wie z. B. die Wirtschaftlichkeit der Personalbeschaffung oder den Kosten-Nutzen-Vergleich von Bildungsmaßnahmen.

Adressaten dieser Controllinginformationen sind primär die Führungskräfte. Auch die Personalwirtschaft eines Unternehmens ist von zunehmender Komplexität betroffen. So müssen „Veränderungen in den ökonomischen, technologischen, rechtlichpolitischen, soziokulturellen und physisch-ökologischen Rahmenbedingungen frühzeitig registriert und in die personalwirtschaftlichen Entscheidungen miteinbezogen werden."[40]

Zudem hat der Kostendruck in der Personalwirtschaft zugenommen und der Faktor Personal gewinnt zunehmend an strategischer Bedeutung. Diese Entwicklungen zwingen die Unternehmensleitung dazu, die Personalarbeit verstärkt an Effizienz- und Effektivitätskriterien auszurichten.

Diese neuen Herausforderungen sind mit den herkömmlichen Strukturen und Verfahren der Personalwirtschaft kaum zu bewältigen. Mit Hilfe eines PCO kann

---

[38] Gmelin, V., "Werkzeuge" des Personalcontrolling, Sinsheim 1994, S.147 Abs. 3.
[39] Schmeisser, A. /Clermont, H., Personalmanagement in der Praxis, Göttingen 1999, S. 138.
[40] Niefer, W., Manager, Zwickau 1929, S. 123.

die Steuerung und Evaluierung personalwirtschaftlicher Maßnahmen und Prozesse unterstützt werden. Personal ist die Gesamtheit aller, auch leitender, Mitarbeiter eines Unternehmens.

Der Begriff *Personalwirtschaft* umfasst den gesamten Aufgabenbereich, der sich mit personellen Fragen im Betrieb befasst. Anstelle von Personalwirtschaft wird in der deutschsprachigen Literatur auch oft von *Personalwesen* oder *Personalmanagement* gesprochen.

Personalbedarfsplanung soll den notwendigen Soll-Personalbestand in quantitativer, qualitativer und zeitlicher Hinsicht bestimmen, der zum Erreichen der Unternehmensziele erforderlich ist.

Personaltraining

„Wer etwas für seine Gesundheit und Fitness tun möchte, hat viele Möglichkeiten. Die Idee, dabei die Hilfe eines Personal Trainers´ in Anspruch zu nehmen, ist in den USA und Großbritannien schon seit langem etabliert und entwickelt sich auch in Deutschland mehr und mehr zum Trend. Was früher nur Spitzensportlern oder Hollywoodschauspielern vorbehalten war, leisten sich jetzt auch immer mehr normale Durchschnittsbürger. Sei es der gestresste Börsenmakler, den Rückenschmerzen und mangelnde Ausdauer plagen oder die Karrierefrau, die endlich abnehmen will – der persönliche Sportberater kann eine gute Alternative sein."[41]

Doch Personaltraining erfährt nicht nur Rückenwind durch vergleichbare Presse, sondern verstärkt auch durch seine Präsenz im TV. Trotzdem steht dieses Trainingskonzept hierzulande noch relativ am Anfang. Viele potenzielle Klienten haben falsche Vorstellungen, die sie in einer Kontaktaufnahme blockieren. So ist zum Beispiel das Klischee des ausschließlich auf Prominente Persönlichkeiten ausgerichteten Personal Trainers ein weit verbreitetes Vorurteil.

Doch scheuen auch eine Vielzahl von Personal Trainern, welche bereits erste umfassende Erfahrungen in diesem Bereich im Arbeitnehmerrahmen eines Fitness Studios gesammelt haben, den Schritt in die Selbstständigkeit, aufgrund der teilweise nur schwerlich kalkulierbaren Risiken und Unwegsamkeiten. Trotzdem wächst die Zahl der Personal Trainer und die Menge ihrer Klienten stetig.

Besonders durch den Fitnessboom um die Jahrtausendwende und den darauf folgenden Wellnessboom der letzten Jahre erschließen sich bedeutende Wachstumsmärkte. Räumlich, zeitlich und individuell flexibles Personal Training als

---

[41] Auszug aus Kölner Rundschau zit. nach Kieß, E., Personaltraining, Köln 2003, S. 425.

ganzheitliches Konzept zum Gesundheits- und Fitnessmanagement gerät in einer, auf möglichst weiträumige Flexibilität fixierten Gesellschaft, immer stärker in den Fokus des persönlichen wie sozialen Interesses.

Auch im präventiven Sinne wird Personal Training als Betätigungsfeld der Zukunft wahrgenommen. „... nicht zuletzt die Gesundheitsreform trägt dazu bei, dass Krankheit zunehmend teurer wird. Es lässt sich also schlussfolgern, dass Personal Training eine lohnenswerte Investition in die eigene Gesundheit ist."[42]

Neben der staatlichen Kürzung des gesundheitlichen Leistungskatalogs und deren Übergabe in private Hände sind besonders der gesellschaftliche Trend zur Individualisierung und der stetig zunehmende Körperkult in Deutschland Entwicklungsgaranten der Idee Personal Training. „Stand in den siebziger Jahren noch der Vereinssport im Mittelpunkt der sportlichen Freizeitaktivitäten, zieht es immer mehr Fitnessinteressierte zur relativ individualisierten Betätigung ins Studio. Von 1992 bis 2002 hat sich die Mitgliederzahl von 2 Millionen auf 5,08 Millionen (DSSV 2002) gesteigert."[43]

Steigender Beliebtheit erfreuen sich neben Schönheitsoperationen, Hormonbehandlungen und Nahrungsergänzungsprodukten im Zuge des modernen, deutschen Körperkults, Schönheits- und Jugendideals auch moderne Gesundheits-, Fitness- und Wellnesskonzepte.

Nicht nur Weigmann gewichtet den Entwicklungsaspekt dieser Branche stark: „Diverse Fernsehbeiträge und Zeitungsberichte haben dazu beigetragen, dass mittlerweile auch der Normalverdiener diese Dienstleistung in Anspruch nimmt. Wirtschaftsexperten sind der Ansicht, dass die nächsten 20 Jahre im Zeichen der Gesundheitsbranche stehen. ... Personal Trainer werden langfristig ihren Nischenplatz finden."[44]

Eine zentrale Aufgabe dieser, in der Zukunft als so wichtig angesehen, Branche insbesondere für Institutionen wie den Bundesverband Deutscher Personal Trainer, wird demnach Qualitätsmanagement mit dem Ziel der Qualitätssicherung sein.

Leider gibt es bislang weder eine einheitliche staatliche Ausbildung, noch einen Schutz für den Titel Personal Trainer. Dies bedeutet, dass sich in Deutschland momentan auch unzureichend ausgebildete Personen als Personal Trainer auf dem Markt anbieten können. Somit ist für den potentiellen Klienten momentan noch eigenverantwortliche Recherche und individuelle Einschätzung der Person zur relativ weitreichenden Erlangung einer Entscheidungsgrundlage unerlässlich.

---

[42] Becker, H., Wir haben, Berlin 1940, S. 88-91.
[43] Weigmann, J., Personaltraining, in Ders. /Freese, S., Personaltraining, Stuttgart 2003, S. 11-13.
[44] Herrenhausen, A., Führung, Berlin 1930, S. 19-23.

Ein vergleichender Überblick über diverse bestehende Qualifikationsmöglichkeiten für eine angestrebte Tätigkeit als Personal Trainer sowie die Darstellung seines Selbstverständnisses werden in den folgenden Kapiteln näher thematisiert werden.

Was bedeutet und beinhaltet Personal Training?

Ein Vorteil von Personal Training ist die zeitliche und räumliche Unabhängigkeit. Die sogenannte One-to-One-Betreuung kann im Büro, auf dem Sportplatz, in der Natur oder im Fitness Studio wahrgenommen werden. Der persönliche Trainingsplan kann nahezu in jeden Terminplan integriert werden und belastet die begrenzt bemessene Ressource Freizeit weniger als ein an Ort und Zeit gebundenes Engagement im Verein oder Studio. Personal Training bietet also Flexibilität und Individualität. Es beinhaltet die individuelle Betreuung eines Klienten (One-to-One-Betreuung) durch einen hoffentlich professionell ausgebildeten Personal Trainer und zielt auf die Verbesserung der physischen und psychischen Leistungsfähigkeit ab. Dies bedeutet, dass der Klient mit all seinen Belangen, Zielen und Bedürfnissen absolut im Mittelpunkt steht.

Zentrale Fragen für den Trainer sind: Was möchte der Klient?, Was braucht der Klient?. Personal Training beinhaltet neben der aktiven Sport-, bewegungs- und/ oder gesundheitskonzentrierten Arbeit in vorwiegend konditionellen Bereichen auch ganzheitliche Aufklärungsarbeit bezüglich Tagesgestaltung und Ernährung. Dabei fungiert der Personal Trainer jedoch nur zum Teil als fachlicher Instruktor.

Mindestens in gleichem Maße sind seine motivational-animierenden Fähigkeiten als nimmermüder Antreiber und engagiertes Vorbild gefragt. Schwerpunkte des Trainings werden individuell auf den Klienten abgestimmt und orientieren sich dienstleistungstypisch primär an seinen Wünschen, Vorstellungen und Zielen.

Zu berücksichtigen und in den Trainingsplan mit einzubeziehen sind außerdem die körperlichen Voraussetzungen und das spezifische Arbeits- und Alltagsverhalten des Klienten. Der entweder leptosome, athletische oder pyknische Körperbau beeinflusst das Trainingsdesign ebenso wie die regelmäßige z. B. vorwiegend sitzende, gebeugte oder stehende Körperhaltung bei der täglichen Berufsausübung.

Um Wünsche, Voraussetzungen und Ziele integrativ erfolgreich formulieren zu können, sollten vor jedem Personal Training ein kostenfreies Erstgespräch stattfinden sowie diverse Leistungsdiagnoseverfahren zum Einsatz kommen. An erster Stelle des praktischen Programmdesigns steht nach dem kostenfreien Erstgespräch in der Regel ein Klienteninterview, welches für den Trainer als Anamneseverfahren dient. Es werden Prioritäten, Probleme, Motivationen, Stärken und Bedürfnisse des Klienten besprochen und mit seinen Zielen zu vereinen versucht.

Nachdem Motivationslagen und Klientenvorstellungen durch den Personal Trainer möglichst klientenzentriert, also individuell, in Erfahrung gebracht wurden, folgt oft ein Fragebogen, welcher dem Trainer Aufschluss über die jeweiligen habituellen Gewohnheiten (Genussmittelkonsum, Ernährungsverhalten und Hobbys) und individuellen Umstände (Stressoren, Allergien, Erkrankungen) des Klienten gibt.

Während es beim Klienteninterview wie auch bei der Anamnese nahezu unerlässlich ist, dass der Austausch direkt von Trainer zu Klient erfolgt, kann es beim (in der Regel folgenden) Gesundheitscheck durchaus vorkommen, dass der Personal Trainer den Klienten an weitere kompetente Fachkräfte ‚weiterreicht'. Dies ist besonders bei medizinischen Datenerhebungen durchaus sinnvoll. An diesem Punkt können dem Personal Trainer besonders bestehende Netzwerke und Kooperationspartner zugute kommen, denn nur mit ihnen „…kann der Personal Trainer eine komplexe, ganzheitliche Gesundheitsbetreuung anbieten. Außerdem empfiehlt es sich, bei Bedarf mit dem Hausarzt der Kunden Rücksprache zu halten."[45]

Belastungs- und Muskeltests (z. B. nach Janda oder Kendall) sollte der adäquat ausgebildete Trainer persönlich durchführen können. Des Weiteren werden Daten wie Gewicht, Umfänge, BMI, Blutdruck, Körperfett oder Herzfrequenz in Ruhe, während und nach der Belastung erhoben. Ein geschultes Auge kann zusätzlich Gang- und Haltungsbild interpretieren und eventuelle Auffälligkeiten in das Design des Trainingsplans integrieren.

Da der ganzheitliche Ansatz Basis jedes fundierten Trainingsprogramms eines Personal Trainers sein sollte, lassen sich seine Inhalte nach dem Prinzip von fünf tragenden Säulen aufsplitten. Je nach Klient müssen diese zielgerichtet individuell und voraussetzungsspezifisch unterschiedlich große Anteile am Gesamtkonzept des Trainingsplans haben.

Ein Klient, der Gewicht reduzieren möchte, wird demnach mehr konditionelle und ernährungsberatende Programmanteile vorfinden als eine Klientin die körperliche Beweglichkeit und verbesserte Stressregulation in den Fokus ihres Trainings stellt. Weiter wird sich, gemäß des kundenspezifisch alternierenden Prinzips, vermutlich vermehrt mit aktiven Entspannungseinheiten in Form von Tai Chi oder z. B. Qi Gong, oder mit der passiven Relaxation durch z. B. Massagen konfrontiert sehen. Auf die Gestaltung kundenspezifischer Trainingspläne wird in Punkt 3 noch wesentlich genauer eingegangen werden, soviel jedoch vorweg:

---

[45] Henninger, C., Entscheidung, München 1942.

Um eine längerfristige Zusammenarbeit zu gewährleisten, sollte der Personal Trainer das Training variieren und über Fortschritte wie auch bei Fehlern gezieltes, motivierendes Feedback geben. Zu den kundenspezifischen Aufgaben des Personal Trainers gehört demnach eine genaue Zieldefinition im Dialog mit dem Kunden, eine individuelle Bedarfs- und Kundenanalyse, ein Gesundheits-Check und seine zutreffende, Über- und Unterbelastung ausschließende Auswertung sowie die Erstellung eines abwechslungsreichen (aber auch periodisch wiederkehrenden) Tages- und Trainingsplans.

Parallel zum Training sollte eine kompetente Analyse und Vor-, Nachbetrachtungen zu jeder Einheit erstellt werden. Um die eigene Qualität der Dienstleistung zu sichern sind Weiterbildungen auch in diesem Marktsegment dienlich. Speziell als eigenständiger Personal Trainer ist es auch außerhalb der geplanten Trainingseinheit unerlässlich, den Kundenkontakt und die fortwährende Betreuung und Beratung anzubieten, um als ein innovatives, flexibles und kundenspezifisches Dienstleistungsunternehmen am konkurrierenden Markt durchsetzungsfähig zu sein.

Neben kundenspezifischen sind es jedoch auch eine Vielzahl unternehmerischer Aufgaben, die den Tagesablauf des Personal Trainers bestimmen. Grundlage jedes erfolgreichen Unternehmens stellt ein positives Marketingkonzept dar. Ohne diesen treffenden Vermarktungsplan, wird eine ausreichende Kundenakquise nur schwerlich erreicht werden.

Als selbstständiger Unternehmer sind außerdem die Zeiten für büro- und verwaltungstechnische Aufgaben und Belange nicht zu unterschätzen. Finanzbilanzierung und Kostenkalkulation sind nur zwei der wesentlichen Aufgabenbereiche, die man nur schwerlich umgehend mit dem Begriff Personal Trainer verbindet. Trotzdem sind sie genau wie buchhalterische Grundkenntnisse oder Finanz- und Steuerrecht für ein erfolgreiches Einmann-(oder -frau)-Unternehmen essentiell.

Auf diese bereits kurz angerissenen, generell günstigen Voraussetzungen und Kompetenzen für den zukünftigen Personal Trainer sowie auf seine Qualifikationsmöglichkeiten in Deutschland wird das nächste Kapitel näher eingehen.

360 Grad-Feedback

360 Grad-Feedback ist ein systematisches und formalisiertes Verfahren der Mehrfachbewertung. Mehrere Personengruppen innerhalb einer Organisation bewerten – i. d. R. anonym – vor allem Führungskräfte hinsichtlich Führungsverhalten sowie allgemeinen Sozialkompetenzen. Die Datenerhebung der Feedbacks erfolgt anhand

eines Fragebogens, der vom Unternehmen definierte Kriterien enthält und die von den einzelnen Feedbackgebern bewertet werden.

Der Begriff dieses Instruments setzt sich aus zwei Bezeichnungen zusammen: „360 Grad" und „Feedback". Die Bezeichnung „360 Grad" symbolisiert einen Kreis, der deutlich macht, dass das Feedback „Rundumcharakter" besitzt: Der Feedbacknehmer erhält von allen Blickwinkeln aus seinem Umkreis Rückmeldung: von der untergeordneten Ebene – seinen Mitarbeitern –, von der übergeordneten Ebene – seinem/seiner Vorgesetzten – sowie von der gleichgestellten Ebene – seinen Kollegen. Jeder Feedbackgebergruppe setzt man demnach 90 Grad gleich[46]. Der Kreis schließt sich letztlich durch eine Selbsteinschätzung: Die Führungskraft bewertet sich selbst.

Die Gesamteinschätzung einer Zielperson basiert also auf einer Vielfalt an Informationen und ermöglicht somit ein mehrdimensionales Bild. Der ursprünglich amerikanische Begriff „Feedback" hat gemäß einer wörtlichen Übersetzung die Bedeutung „Reaktion", „Rückkopplung" bzw. am treffendsten ausgedrückt: „Rückmeldung". Feedback spiegelt somit die Wirkung eines Verhaltens auf andere wider und meldet die Wahrnehmung zurück.

Folgende *Synonyme* in der deutschen und englischen Literatur beschreiben das gleiche Instrument:

- Mehrfachbewertungssystem
- Rundumbeurteilung
- Vorgesetztenbeurteilung
- 360 Grad Beurteilung
- 360 Grad Assessment
- Multi source Feedback
- All round Feedback
- Full circle appraisal
- Group performance appraisal
- Multi perspective rating
- Multi rater assessment/feedback/process

In Deutschland wird als gängigster Begriff das 360 Grad-Feedback (bzw. „Mehrfachbewertungssystem" oder „Rundumbewertung") verwendet. Da in der Umgangssprache im Zusammenhang mit 360 Grad-Feedback am häufigsten von einer „Beurteilung" gesprochen wird, wird ab und an auch dieser Ausdruck verwendet.

---

[46] Vgl. Harrs, C. /Maier, K. /Weill, P., Das Instrumentarium, Heidelberg 1999, S. 86f.

Je nachdem, wie viele Gruppen an einer Mehrfachbewertung beteiligt sind, kann zwischen 180 Grad-, 270 Grad-, 360 Grad- und sogar 450 Grad-Feedback (bzw. auch 540 Grad- oder 630 Grad-Feedback) unterschieden werden.

Bei einem *180 Grad-Feedback* handelt es sich um eine Vorgesetztenbeurteilung bzw. um die so genannte Aufwärtsbeurteilung. Hierbei sind es lediglich die Mitarbeiter, die Rückmeldung zum (Führungs-)Verhalten des Vorgesetzten geben. Es handelt sich demnach um den umgekehrten Fall des klassischen, traditionellen Mitarbeitergesprächs. 90 % der Unternehmen, die Mehrfachbewertungen durchführen, haben die Form der Aufwärtsbeurteilungen integriert.

Der Begriff des 270 Grad-Feedbacks ist kaum geläufig. Es wird u. a. auch von einem 90 Grad-Feedback gesprochen, die sich auf die gleichgestellten Kollegen als einzige Quelle beschränkt. Im Falle des 270 Grad-Feedbacks werden die Einschätzungen der gleichgestellten Kollegen dagegen zusätzlich zu den Rückmeldungen der Mitarbeiter eingeholt. Feedbacks von Kollegen gelegentlich auch als „Peer Ratings", „Peer Appraisal" oder „Peer Assessment" bezeichnet. Kollegenbewertungen haben im Gegensatz zur Aufwärtsbeurteilung derzeit keine große Bedeutung.

Die zu den 360 Grad des geschlossenen Kreises addierten 90 Grad implizieren eine Feedbackgebung außerhalb des Kreises, demnach außerhalb des Unternehmens.

Bei dem *450 Grad-Feedback* werden ergänzend externe Kunden zum Verhalten der Führungskraft befragt. Deren Angaben sind vor allem dann hilfreich, wenn es sich bei der Zielgruppe um Mitarbeiter handelt, die starken Kundenbezug haben, z. B. wenn sie im Bereich Vertrieb oder Marketing tätig sind und sich die Qualität der Zusammenarbeit mit dem Kunden mittelbar auf den Unternehmenserfolg auswirkt.

Der Begriff des 450 Grad-Feedbacks ist selten im Gebrauch. Auch wenn ergänzend externe Kunden integriert werden, wird das Verfahren offiziell 360 Grad-Feedback genannt.

Weiterhin existiert der Begriff *540 Grad-Feedback,* der signalisieren soll, dass zusätzlich Lieferanten mit einbezogen werden.

Ferner spricht man von *630 Grad-Feedback,* wenn ergänzend die Familie der Führungskraft befragt wird. Auch diese Begrifflichkeit dürfte kaum bekannt sein.

Im folgenden Text wird davon ausgegangen, dass es sich bei 360 Grad-Feedback um eine Mehrfachbewertung handelt, bei der – zusätzlich zur Selbsteinschätzung – Vorgesetzter, Mitarbeiter und Kollegen Einschätzungen geben. Ferner wird unterstellt, dass die Zielpersonen der Feedbacknehmer i. d. R. Führungskräfte sind.

Entwicklung des Verfahrens

Zunächst wird ein *Projektteam* aufgestellt, das je nach Unternehmensgröße aus sechs bis fünfzehn Befürwortern aus unterschiedlichen Ebenen besteht. Dieses Team ist für Implementierung, Umsetzung sowie Prozessevaluation zuständig. Das Projektteam muss sich zu Beginn die Frage stellen, ob das Unternehmen für eine Rundumbewertung bereit ist. Anhand einer Mitarbeiterbefragung kann z. B. herausgefunden werden, ob 360 Grad-Feedback Akzeptanz in der Organisation finden könnte oder nicht. Es ist ratsam, vor allem das Management zu überzeugen und Promoter auf hoher Ebene zu gewinnen. Erklärt sich die oberste Führungsebene zu einem *Pilotprojekt* bereit, ist dies ein Indiz dafür, dass das Verfahren aufgrund deren Vorbildfunktion in der gesamten Organisation angenommen und unterstützt wird.

Ferner ist zu empfehlen, den Betriebsrat, den Sprecherausschuss und ggfs. auch die Gewerkschaft von Anfang an mit einzubeziehen – vor allem dann, wenn die Teilnahme nicht freiwillig, sondern verbindlich erfolgen soll. Ohne entsprechende Rückendeckung würde das komplette Projekt scheitern und im Keim erstickt werden.

Bevor das Projekt gestartet wird, sollten die *Ziele* des 360 Grad-Feedbacks klar definiert werden. Sollen die Ergebnisse Informationen zu Stärken und Schwächen der Führungskraft bzw. zur Feststellung des Weiterbildungsbedarfs als Grundlage für die Personal- und Organisationsentwicklung dienen? Oder für strategische Überlegungen wie Stellenbesetzung oder Personalnachfolgeplanung? Vielleicht sogar als Basis für personalpolitische Entscheidungen hinsichtlich neuer Anreizsysteme, Beförderungen, Versetzungen, Gehaltssteigerungen oder gar Selektionsmaßnahmen?

Ist die strategische Zielsetzung definiert, folgt die Festlegung des *konzeptionellen Rahmens* und die Planung des Projektablaufs. Die Organisation muss zunächst Fragen klären wie z. B.:

- Welche Software wird eingesetzt?
- Sollte sie selbst programmiert oder gekauft werden?
- Wie sollten die zeitlichen Rahmenbedingungen aussehen?
- Wer sind die Zielpersonen der Einschätzungen, also die Feedbacknehmer: Spezialisten ohne disziplinarische Führungsverantwortung, Unteres, Mittleres und/ oder Oberes Management?
- Welche Personengruppen geben die Feedbacks?
- Erfolgt die Befragung freiwillig oder verbindlich?
- Wird die Befragung anonym oder offen durchgeführt?
- Wie erfolgt die Feedbackpräsentation?

- Wer übermittelt in welcher Form den Feedbacknehmern die Ergebnisse?
- Wird ein externer Berater hinzugezogen?
- Wie werden die Beteiligten vorbereitet und umfassend informiert, um Unsicherheit und Zweifel zu vermeiden bzw. aus dem Weg zu räumen?

Die Einführung des neuen Instruments ruft i. d. R. anfangs Verwirrung und Skepsis hervor. Um Bedenken und somit Unruhen im Vorfeld erfolgreich entgegen zu wirken, ist eine offene Kommunikationspolitik unabdingbar. Der konzeptionelle Rahmen und der Projektablauf, aber vor allem die Zielsetzung, sollte schriftlich verfasst und offen jedem einzelnen Beteiligten vermittelt werden.

Die anschließende *Entwicklung eines geeigneten Fragebogens* ist nicht nur eine aufwendige, sondern auch sehr verantwortungsvolle und entscheidende Aufgabe, bei der sehr gründlich und sorgfältig vorgegangen werden muss. Denn die Auswahl und die Gewichtung der im Fragebogen enthaltenen Kriterien spiegeln die Werte, die strategischen Ziele und die Führungsleitsätze einer Organisation wider. Im Allgemeinen liegt der Fokus der Kriterien in den so genannten „weichen Faktoren", da Bewertungen von Fachkenntnissen, Fertigkeiten und Ergebnisse im Mitarbeitergespräch oder im Rahmen des Management by Objectives überprüft werden.

Folgende Faktoren können z. B. eine Rolle spielen: Motivation, Information und Kommunikation, Teamverhalten, Mitarbeiterförderung sowie Führungsverhalten allgemein. Die für den Erfolg des Unternehmens entscheidenden Kriterien werden gesammelt, in Faktoren unterteilt und schließlich im Fragebogen anhand von Formulierungen, den so genannten Items, erläutert. Konkrete Verhaltensweisen, die in der Praxis eindeutig beobachten werden können, beschreiben diese Items. Soll z. B. der Faktor Motivation bewertet werden, könnte das Item lauten: ...(die Führungskraft)... „ermutigt die Mitarbeiter, Verantwortung zu übernehmen". Die Feedbackgeber haben die Möglichkeit, zu jedem Item vorgegebene, quantitativ abgestufte Antwortausprägungen zu wählen, wie z. B. zwischen „sehr gut", „gut", „zufrieden stellend", „weniger zufrieden stellend" oder „verbesserungswürdig". Neben einer Ist-Einschätzung können auch Soll-Werte einbezogen werden. In dem Fall können die Feedbacknehmer zusätzlich angeben, ob sie die einzelnen Kriterien für „sehr wichtig", „ziemlich wichtig", „wichtig", „weniger wichtig" oder „nicht wichtig" erachten

Durchführung des Verfahrens

Da es bei 360 Grad-Feedback um die Einschätzung von Kompetenzen geht, die vor allem bei den Entscheidungsträgern einer Organisation von großer Bedeutung sind, stehen bei der *Auswahl der* Feedbacknehmer hauptsächlich die Führungskräfte im Blickfeld. Diese lassen sich unterteilen in das Untere Management (wie Abteilungsleiterebene), das Mittlere Management (wie Hauptabteilungsleiter- und Bereichsleiterebene) sowie das Obere Management (wie Geschäftsleitung und Vorstand).

Hinsichtlich der *Wahl der* Feedbackgeber wird in den meisten Unternehmen der Zielperson zugestanden, die Bewertenden selbst zu bestimmen. Feedbacknehmer selbst wünschen neben der Bewertung ihres Vorgesetzten i. d. R. mindestens vier unterstellte Mitarbeiter sowie vier Kollegen. Für die Anzahl der Feedbackgeber besteht kein Richtwert; Empfehlungen variieren zwischen fünf und zwölf Personen. Bei VW und Enwag z. B. wurde die Regelung getroffen, dass der Feedbacknehmer eine hohe Anzahl an Personen nennt, aus denen die Feedbackgeber von dem Projektteam per Zufallsauswahl ausgewählt werden. Der Feedbacknehmer weiß somit nicht, welche der von ihm benannten Personen tatsächlich Feedback geben. Durch dieses Vorgehen ist maximale Anonymität sichergestellt.

Die Teilnahme ist für die Feedbackgeber meist nicht verbindlich. Häufig empfinden Feedbacknehmer eine „Beurteilung" bzw. Kritik als Beleidigung, Erniedrigung oder sogar als persönlichen Angriff. Angst vor Blamage und Autoritätsverlust schüren die Widerstände, sich „beurteilen" zu lassen. Aus diesem Grund ist eine *Schulung* wichtig, um negative politische Aktionen zu vermeiden. Eine Schulung soll helfen, Feedback und Kritik als konstruktives Mittel und Hilfe zur Selbsthilfe für die persönliche Weiterentwicklung anzusehen Ferner soll sie gewährleisten, dass die Ergebnisse richtig interpretiert werden, ein Fazit für die Zukunft gezogen sowie ein individueller Aktionsplan zu Verbesserungsmaßnahmen aufgestellt wird. Laut Edwards sollten Schulungen, auch für Feedbackgeber, auf der Checkliste für eine erfolgreiche Durchführung ganz oben stehen.

Die *Erfassung der Feedbacks* kann auf verschiedene Weisen erfolgen: in Form von herkömmlichen Papierfragebögen, anhand maschinenlesbarer Erhebungsbögen, per Fax oder auch via Telefon. Andere Wege wie E-Mail-Versand oder Speicherung auf Diskette sind ebenfalls möglich. Der größte Teil der Beteiligten bevorzugt eindeutig die elektronische Eingabe via LAN oder WAN. Die Feedbackgeber haben hierbei Zugang zu lokalen oder öffentlichen Netzwerken und geben die Daten dort direkt ein.

Der Großteil der Unternehmen nimmt bei der Datenerfassung und Auswertung der Daten die Leistungen eines externen Beraters in Anspruch. Bei einer informellen *Auswertung* genügt der Taschenrechner bzw. ein Tabellenkalkulationsprogramm. Eine formelle Auswertung hingegen nutzt wissenschaftliche Methoden und verwendet ein automatisiertes Verfahren, das Ausreißer entdeckt. Diese können entstehen, wenn Beteiligte untereinander vereinbaren, sich gegenseitig besonders positiv zu bewerten oder auch, wenn ein Feedbackgeber – z. B. aus Missgunst – die Zielperson extrem niedrig bewertet. Die formelle Auswertung korrigiert diese Verzerrungen, indem sie ungültige Antworten aufspürt und von der Gesamtwertung ausschließt. Bei der *Darstellung der Ergebnisse* werden i. d. R. die einzelnen Werte addiert und der Mittelwert aller Einschätzungen mitgeteilt.

Als besonders aussagekräftig gelten jedoch Vergleiche. Ein Übereinstimmungswert z. B. legt dar, inwieweit sich die einzelnen Bewertungen der Feedbackgeber untereinander decken bzw. voneinander unterscheiden. Ist der Übereinstimmungswert hoch, kann davon ausgegangen werden, dass im Feedback keine Ausreißer enthalten und die Durchschnittswerte somit auch verlässlich sind. Edwards empfiehlt ferner, die Mittelwerte nach einzelnen Feedbackgebergruppen zu klassifizieren und gegenüber zu stellen, wodurch der Feedbacknehmer erfährt, wie ihn „durchschnittlich" jeweils die Kollegen, die unterstellten Mitarbeiter, die Vorgesetzten oder auch die Kunden sehen. Darüber hinaus könnte eine Wertungsspanne aufgeführt werden, welche die Differenz zwischen der geringsten und der höchsten Einschätzung zeigt. Es ist auch denkbar, Durchschnittswerte aller Feedbacknehmer anzugeben, um die Stellung des einzelnen Feedbacknehmers im Vergleich zu den Bewertungen der anderen zu sehen.

Der bedeutsamste und für die Selbsterkenntnis wichtigste Vergleich bleibt jedoch die Gegenüberstellung von Eigen- und Fremdbild, die in keinem übermittelten Profil fehlen sollte. Um die Entwicklung eines einzelnen Feedbacknehmers aufzuzeigen, könnte darüber hinaus sein Profil der zuletzt durchgeführten Feedbackrunde aufgeführt und mit den aktuellen Ergebnissen verglichen werden.

Im Allgemeinen werden die Ergebnisse zur Personal- und Organisationsentwicklung genutzt. In dem Fall erhält ausschließlich der Feedbacknehmer die Bewertungen. Sollen die Feedbackprofile als Basis für personalpolitische Beschlüsse dienen, werden sie auch dem Oberen Management bzw. dem Personalwesen übermittelt.

Gelegentlich werden Gesamtresultate auch im Intranet oder in einer Werkszeitung anonymisiert veröffentlicht. Neben der Art der Darstellung stellt sich für jedes Unternehmen die Frage, in welcher Form die Präsentation der Feedbacks erfolgen soll. Den Feedbacknehmer in einer Art Selbststudium mit seinem „Urteil" allein zu lassen, empfiehlt sich in keinem Fall. Die meisten Unternehmen – wie auch z. B. Beiersdorf – bieten ein 4-Augen-Gespräch entweder mit einem internen Spezialisten oder einem externen Berater. Gelegentlich ist wird auch ein 6-Augen-Gespräch geführt: Die Ergebnisse werden zwischen dem Vorgesetzten und Mitarbeiter besprochen, wobei eine dritte Vertrauensperson – ein externer Berater – das Gespräch moderiert.

Sind die Hierarchien in einem Unternehmen flach und ist die Kommunikationspolitik offen, kann es auch Workshops geben, in denen gemeinsam in der Runde – demnach nicht mehr mit 100%iger Anonymität – die Ergebnisse zwischen Vorgesetzten, Kollegen und Mitarbeitern interpretiert und weitere Verbesserungsmaßnahmen gemeinsam diskutiert werden. Diese Methode setzt jedoch ein positives Betriebsklima sowie Vertrauen untereinander voraus.

Ziel des 360 Grad-Feedbacks ist es, Stärken, aber vorwiegend auch Schwächen des Feedbacknehmers aufzudecken, um zu ermitteln, in welchen Bereichen Entwicklungsbedarf besteht. Bei der Erstellung eines Aktionsplans – auch Entwicklungsplan oder Maßnahmenkatalog genannt – wird festgelegt, mit welchen Maßnahmen eine künftige Verbesserung erreicht werden soll. Der Plan enthält folgende Punkte:

1. das Ziel selbst, z. B. Optimierung im Bereich Zeitmanagement,
2. die Strategie der Umsetzung, d. h. welche Maßnahmen getroffen werden, z. B. Besuch von Trainings oder Seminaren zu dem entsprechenden Thema,
3. das gewünschte Datum der Zielerreichung sowie
4. messbare Ergebnisse, anhand derer eruiert werden kann, ob das Ziel auch erreicht wurde.

Das Festlegen von Maßnahmen sowie deren Umsetzung ist keine einmalige Aktion, sondern ein kontinuierlicher Prozess, der zu einer Optimierung des Führungsverhaltens beitragen soll. Das eigentliche Ziel des 360 Grad-Feedbacks ist es, nicht nur die Wirklichkeit anhand mehrerer Feedbacks abzubilden, sondern vielmehr die gewonnen Erkenntnisse dazu zu nutzen, Veränderungs- bzw. Verbesserungsmaßnahmen in die Tat umzusetzen. „Das Instrumentarium der 360°-Einschätzung kann nur der Auftakt sein zur Konsolidierung des Feedbacks, zur Erstellung eines Entwicklungsplans, für Coaching-, Trainingsmaßnahmen oder Mentoringsysteme"[47].

---

[47] Schöning, H., Personalentwicklung älterer Mitarbeiter, München 1998, S. 39.

Organisationsentwicklung

Was ist Organisationsentwicklung?

Der Begriff der Organisationsentwicklung stammt ursprünglich aus dem Amerikanischen und taucht dort in den fünfziger Jahren erstmals unter „Organisation Development" auf.

Mit dieser Bezeichnung wird, „leicht missverständlich, auf einen Problemkreis hingewiesen, der im rein Organisatorischen vermutet werden kann."[48] Dieses Missverständnis ist darauf zurückzuführen, dass der Begriff „Organisation" in der deutschsprachigen Fachliteratur verschiedene Bedeutungen aufweist, je nachdem, in welchem Kontext er Verwendung findet.

Einerseits bezeichnet Organisation eine koordinierende, ordnende und gestaltende Tätigkeit eines Systems. Sie gehört zu jedem Unternehmen und zeichnet sich dort durch ihre Struktur oder Gliederung anhand der Aufbau-(Strukturkomponente) und Ablauforganisation (Prozesskomponente) aus. Die Regelungen und der Ablauf werden durch die Geschäftsleitung oder durch eine beauftragte Organisationsabteilung koordiniert.

Andererseits stellt der Begriff Organisation jedoch auch das Ergebnis dieser ordnenden, gestaltenden oder koordinierenden Tätigkeit dar. In diesem Kontext umfasst der Begriff Organisation nicht ein ganzes Unternehmen oder eine Institution, sondern nur die oben beschriebene Tätigkeit an sich.

Weiter gibt es die Auffassung von Organisationen als sozialen Systemen, welche mit ihren eigenen Gesetzmäßigkeiten, ihrer eigenen Geschichte und Kultur sowie ihren eigenen Werten zum Beispiel einen Industriebetrieb oder eine Institution darstellen. Für dieses soziale System ist spezifisch, dass es über ein Eigenleben verfügt, welches aufgrund von Wechselwirkungen der Elemente innerhalb dieses Systems und mit anderen sozialen Systemen entsteht.

1980 wurde die Deutsche Gesellschaft für Organisationsentwicklung gegründet. In ihr sind Mitglieder aus Wissenschaft, Beratung und Praxis vertreten, die gemeinsam versuchen, sowohl die Philosophie als auch die Anwendungsmöglichkeiten von Organisationsentwicklung weiterzugeben.

„Nachhaltige Veränderungen können nur unter Einbezug und Beachtung aller Faktoren und Zusammenhänge erreicht werden. Organisationsentwicklung orientiert sich daher an einer ganzheitlichen Sichtweise, die Individuum, Organisation,

---

[48] Schumacher, P. E., Führungspersönlichkeiten, Itzehoe 1941, S. 129-131.

Umwelt und Zeit als Teile eines Ganzen betrachtet. OE-Arbeit beachtet die Vernetzungen, Wirkungszusammenhänge und Gesetzmäßigkeiten von sozialen Systemen."[49]

Unter OE versteht die Gesellschaft für Organisationsentwicklung nicht nur einen organisationsumfassenden, sondern auch einen mittel- bis längerfristig angelegten Veränderungs- und Entwicklungsprozess von Organisationen sowie ihrer Mitglieder. Der Veränderungs- und Entwicklungsprozess beinhaltet auf der einen Seite das Lernen aller Betroffenen. Dies zeichnet sich durch praktische Erfahrung und direkte Mitwirkung auf der anderen Seite aus. Ziel dieses Prozesses ist sowohl die „Verbesserung der Leistungsfähigkeit (Effektivität der Organisation) als auch die Verbesserung der Qualität des Arbeitslebens (Humanität der Organisation)."[50]

Die vielfältigen Begriffsbestimmungen von Organisationsentwicklung zeigen, wie schwer es ist, eine einheitliche Definition zu finden. Manche Autoren gehen sogar so weit zu behaupten, dass man Organisationsentwicklung gar nicht definieren könne, sondern dass man sie selbst erleben müsse. Die Arbeit in Organisationen kann nur verändert werden, wenn sich jeder einzelne Mitarbeiter (mit)verändert. Und auf der anderen Seite kann sich der Mitarbeiter nur selbst verändern, wenn seine Arbeit beziehungsweise die Arbeitsbedingungen verändert werden.

Wieder Andere sind der Meinung, dass Organisationsentwicklung nur eine neue Technologie darstellt, die sozial sei und zudem die Organisationen effizienter mache. Für den Zusammenhang dieser Arbeit ist es wichtig festzuhalten, dass Organisationsentwicklung sowohl ein Konzept ist als auch ein Sammelbegriff „für den koordinierenden Einsatz sozialwissenschaftlicher Erkenntnisse und Methoden in Organisationen, um diese durch die in ihr tätigen Menschen selbst humaner und effektiver zu machen."

Organisationen als soziale Systeme

Wenn die Rede von Organisationsentwicklung ist, soll unter dem Wort Organisation ein System verstanden werden, welches sich kontinuierlich mit den Gegebenheiten in der Umwelt auseinandersetzen muss. Damit sind verschiedene Gegebenheiten der Technik, der Gesellschaft und des allgemeinen Marktes gemeint.

Organisationsentwicklung bezeichnet des Weiteren einen sozialen und kulturellen Wandlungsprozess der Entwicklung von Organisationen, Institutionen und Un-

---

[49] Scholz, C., Personalmanagement, München 2000, S.426f.
[50] Ebd. S.419.

ternehmen. Er führt zu einer Steigerung der Leistungsfähigkeit eines Systems. Das Primäre Ziel ist immer, dass sich die Organisation aktiv und flexibel an die Anforderungen einer sich im dauernden Wandel der befindlichen Umwelt anpasst. Die Entwicklung dient, wie bereits beschrieben, zur Steigerung der Wirksamkeit und Zufriedenheit der Mitarbeiter einer Organisation.

Die Gliederung der sozialen Systeme dient der Erreichung spezifischer Ziele mit Hilfe eines eingrenzbaren Mitgliederkreises sowie Verhaltensprogrammen und einer kollektiven Identität. Mit dem Fokus auf Organisationen als sozialen Systemen unterscheidet man drei Grundmodelle, die in der Organisationsforschung erarbeitet worden sind und im Folgenden vorgestellt werden sollen:

Das erste ist das sogenannte „Rationale Modell". Dieses versteht Organisationen als Konstruktionen, die auf einer vernünftigen Planung basieren und somit Ergebnis eines sowohl zweckhaften als auch rationalen Verhaltens sind. Durch diese Sichtweise von Organisationen, die als mechanistisch und linear bezeichnet wird, werden nicht nur die natürlich gewachsenen sowie intuitiven sondern auch die emotionalen Aspekte einer Organisation vernachlässigt.

Das zweite Modell ist das „Natürliche Modell". Dieses berücksichtigt die internen sowie die sich selbst regulierenden Vorgänge, die aus Aushandlungsprozessen hervorgegangen sind, und betrachtet diese als systemische Prozesse. Der Nachteil dieses Modells besteht jedoch darin, dass Umweltbezüge dafür mehr oder minder stark ausgeblendet werden.

Das letzte „Offene Modell" bedient sich einer umfassenderen systemischen Sichtweise. Es reduziert allerdings die Außenbezüge einer Organisation auf eigene Zielsetzungen und innere Dynamik.

Im Unterschied zu diesen drei Modellen einer systemischen Sichtweise umfasst eine ganzheitlich-systemische Sichtweise alle drei Faktoren. Diese gehören nicht nur zusammen, sondern bedingen sich auch gegenseitig. Somit wird erfolgreiche Steuerung und Sinnstiftung anhand bewusster Planung und Zielsetzung bewirkt und die natürliche innere Dynamik, welche mit Hilfe von Aushandlungsprozessen hervorgebracht wird, als Grundlage der Organisationskultur sowie als Quelle von Kreativität und Arbeitsmotivation verstanden. Außerdem stellen die Wechselbezüge zur Umwelt, worunter die Gegebenheiten der Gesellschaft und Technik sowie des Marktes gemeint sind, notwendige Voraussetzungen für das Überleben einer Organisation dar. Dieses Überleben kann jedoch nur gesichert werden, wenn sich die Organisation aktiv und flexibel an die Anforderungen der Umwelt anpasst, die nicht statisch ist, sondern sich in dauerndem Wandel befindet.

In diesem Buch soll dem Verständnis von Organisationsentwicklung nicht nur ein Konzept und Sammelbegriff für den koordinierten Einsatz von Erkenntnissen und Methoden sondern auch eine systematische Sichtweise zugrunde gelegt werden. Dies bedeutet und beinhaltet, dass Organisationen ganzheitlich verstanden werden; ihre Komponente stehen nicht nur in Wechselbeziehungen zueinander, sondern sind auch das Ergebnis zirkulärer(Ziele, Voraussetzungen, Aufgaben, Kriterium) Prozesse, welche ihren Zustand und ihre Verhaltensweisen beeinflussen. Die Bausteine einer Organisation stehen zudem zur gleichen Zeit in vielfältigen und zirkulären Austauschbeziehungen mit anderen Systemen. Somit sind sie Teil einer dynamischen und vernetzten Wirklichkeit.

Ursprünge und Geschichte der Organisationsentwicklung

Der Ursprung der Organisationsentwicklung liegt in der Aktionsforschung und der Gruppendynamik in den USA der fünfziger Jahre. Sie entstand sowohl im Organisationslaboratorium, welches die Arbeit mit unstrukturierten Groß- und Kleingruppen umfasst, als auch aus dem Survey- Feedback (Betroffene wurden in die Auswertung von Befragungen einbezogen), wie es vom Massachusetts Institute of Technology (kurz MIT) und einem der bedeutendsten Vertreter des OE-Ansatzes, angewendet wird.

Die Forscher sahen die Notwendigkeit, sich mit den Problemen der Menschen aus verschiedenen Organisationen auseinanderzusetzen. Sie führten bereits Mitte der vierziger Jahre eine Reihe von Versuchen durch, mit denen erforscht werden sollte, auf welche Art und Weise die Einstellungen und das Verhalten der Menschen verändert werden können. Die Ergebnisse aus diesen Forschungen zur Gruppendynamik sollten anschließend auf größere Organisationen sowie Unternehmen übertragen werden. Dabei sollten die Mitglieder von Organisationen dazu befähigt werden, ihre eigenen Probleme, auch im Umgang mit anderen Menschen, nicht nur zu erkennen, sondern auch Bedingungen zu schaffen, die sowohl den eigenen Bedürfnissen als auch den Leistungsanforderungen der Organisation entsprechen.

Begründete wurde das sozialwissenschaftliche Theorem der Gruppendynamik und zeigte, dass sich damit ganz neue Lernmöglichkeiten eröffneten. Die sogenannten Training-Gruppen waren dazu da, neues Verhalten in der Gruppe zu testen, zu bewerten und aufzubauen. Zuerst wurden diese Versuche nur im Laboratorium durchgeführt, anschließend aber auch zunehmend in der Praxis, also direkt im Unternehmen.

Aus dieser Forschung stammt die Survey-Feedback-Methode, welche im Deutschen mit den Begriffen Erforschung und Rückmeldung umschrieben wird. Sie stellt eine Zusammensetzung aus Mitarbeiterbefragung und Vorgesetztenbeurteilung dar und bildet den Ausgangspunkt für Organisationsentwicklung. Sowohl die Manager als auch die Arbeitnehmer erhielten die Befragungsergebnisse aus den Trainings. So gelang auch ein Vergleich einzelner Gruppen aus verschiedenen Unternehmen, die untereinander in Beziehung standen. Betroffene und Berater konnten sich in sogenannten Konferenzgruppen zusammenfinden und auf der Basis dieses Vergleichs über zukünftige Veränderungen und Entwicklungen beratschlagen. Daraufhin wurden mehr und mehr auch die strukturellen Regelungen in Unternehmen erforscht und Veränderungen unterzogen. Somit erlangte das Konzept der Organisationsentwicklung zunehmende Professionalisierung.

Entwickelte wurde vor dem Hintergrund einer Studie zur „Lösung sozialer Konflikte" auch das sogenannte 3-Phasen-Modell, das als eines der ersten Modelle gilt, welches sich mit Veränderungsprozessen in Gruppen bzw. in Organisationen auseinandersetzte. Auch wenn sich seit der Entstehung dieses Modells viel verändert hat, bildet es doch die Basis für Organisationsentwicklung. Diese drei Phasen lauten im folgenden:

Unfreezing (auftauen)

Darunter versteht man die Vorbereitung auf einen Veränderungsprozess. Früheres Verhalten beziehungsweise die gegenwärtig Organisationsstruktur wird in Frage gestellt und die Motivation für Veränderung geschaffen. Vorbereitende Analyse ist hier unter anderem die Kraftfeldanalyse, welche dazu führen soll, dass die gesellschaftlichen Systeme weich und somit auch veränderbar werden.

Moving/Changing (bewegen, verändern)

Hier geht es in die zweite Phase und handelt um die Veränderung des organisationalen Verhaltens sowie die Erreichung der angestrebten Zielvorstellungen. Dies geschieht mithilfe verschiedener Trainings und durch das Eingreifen der Verantwortlichen in Routineabläufe. Dieser Prozess muss kontinuierlich überwacht werden.

Refreezing (wieder einfrieren)

Hier soll sich die Gruppe umgewöhnen und in die neuen Prozessstrukturen integrieren. Das neue Verhalten beziehungsweise die eingeführten Neuerungen sollen durch laufende Prozesskontrollen konsolidiert und stabilisiert werden.

Anfangs ging es in den gruppendynamischen Trainings in Selbsterfahrungsgruppen vorrangig darum, die Organisation humaner und effektiver zu gestalten. Zunehmend wurde jedoch deutlich, dass sich das Verhalten der Trainierten zwar änderte, aber nur so lange sie sich in der Trainings-Situation befanden. Zurück am Arbeitsplatz verlief wieder alles in den gewohnten Bahnen. Aus diesem Grund befasste man sich vermehrt auch mit den technologischen und strukturellen Aspekten und fokussierte nicht mehr nur die zwischenmenschlichen Beziehungen. Die strukturellen und technologischen Faktoren sollten gemeinsam definiert und besprochen werden, um anschließend zu einer Strategie zu gelangen. Die schrittweise Erprobung sollte gemeinsam durchgeführt werden.

Theoretische Hintergründe

Wenn es um die theoretischen Hintergründe der OE geht, ist in der Literatur auch von sogenannten Wurzeln der OE die Rede. Der amerikanisch geprägte Pragmatismus stellt die eine Wurzel der Organisationsentwicklung dar. Diesem zufolge sind die Bedeutung und der Wahrheitsgehalt von Aussagen, Begriffen und Meinungen auf die praktischen Wirkungen und Konsequenzen einer lebensweltlichen Handlung zurückzuführen.[51] Dem Pragmatismus liegt eine philosophische Tradition zugrunde, die hauptsächlich auf *John Dewey* zurückgeht.

Fünf Phasen des reflektierenden Denkens werden unterschieden, welche das wissenschaftliche Vorgehen bestimmen. Diese Vorgehensweise wird deutlich durch die Bemühung um Erkenntnisfortschritt sowie durch die Verknüpfung der gewonnenen Erkenntnisse. Aus diesen Erkenntnissen resultiert der sogenannte Funktionalismus, welcher die mentalen Zustände einer Person als Funktionszustände begreift.[52]

Die Funktionszustände werden mit Hilfe einer Input-Output-Abfolge definiert und begründen somit die Motivation wissenschaftlicher Vorgehensweise. Diese Motivation wird durch den angestrebten Erkenntniszuwachs hervorgerufen.

---

[51] Vgl. Aschemeier, H., Organisationsentwicklung und Hintergründe, München 2009, S. 145.
[52] Vgl. Ebd., S. 56.

Mit diesem Denkansatz gelang es Dewey die Basis zu schaffen, auf der OE entstehen konnte. In der humanistischen Psychologie wird davon ausgegangen, dass der Mensch von sich aus nach Selbstverwirklichung sowie sinnvollem verantwortlichem Handeln strebt und sowohl der Sinn, als auch die Bedeutung von Fragestellungen wichtiger sind, als die angewandte Methodik. Es wird zwar auf statistische Untersuchungsmethoden zurückgegriffen, diese müssen sich jedoch der menschlichen Erfahrung unterordnen. Die gewonnen Erkenntnisse sind somit stets relativ.[53]

Auf diesen Annahmen basiert die X- und Y-Theorie, die nicht nur die Humanistische Psychologie geprägt hat, sondern auch zu einer Art Leitbild für die Organisationsentwicklung geworden ist. Für die praktische Umsetzung des Organisationsentwicklungskonzeptes können mit Hilfe der oben erläuterten psychologischen Annahmen folgende Schlüsse gezogen werden:

1. Unternehmen sind soziotechnische Systeme, die sich dynamisch weiterentwikkeln müssen. Die Anforderungen, die dabei an sie gestellt werden, gründen in der Auseinandersetzung mit einer sich ständig verändernden Umwelt.
2. In jeder Organisation gibt es Probleme, die das Überleben der Organisation bedrohen und die nicht nur von den Mitgliedern dieser Organisation, sondern auch und insbesondere vom Management gelöst werden müssen.
3. Die in der Organisation beschäftigten Mitarbeiter besitzen weitaus mehr Problemlösungspotential (in Form von individueller Kreativität, Leistungsbereitschaft, Kenntnissen und Fähigkeiten), als sie aufgrund der strukturellen Bedingungen entfalten können.
4. Wenn die Mitglieder einer Organisation durch die Möglichkeit verantwortlichen Mitwirkens, nicht nur einen materiellen, sondern auch einen individuellen Nutzen aus ihrer Arbeit ziehen könnten, wären sie auch bereit, nicht nur zur Lösung der anstehenden Probleme beizutragen, sondern sich auch aktiv für die Ziele der Organisation einzusetzen.
5. Durch das Arrangieren zur gemeinsamen Problemlösung förderlicher Gegebenheiten sowie der zielorientierten Zusammenarbeit der beteiligten Mitglieder, kann ein Lern- und Veränderungsprozess innerhalb der Organisation eingeleitet werden. Dieser trägt ebenso zur persönlichen Entfaltung der Organisationsmitglieder wie zur Entwicklung der Organisation bei.

---

[53] Vgl. Quitmann, H., Humanistische Psychologie, Mannheim 1996, S. 56.

Voraussetzungen für Organisationsentwicklung

Organisationsentwicklung wirkt eher mittelfristig und eignet sich nicht für schnelle Rationalisierungsgewinne, da sie gründlich vorbereitet werden muss und eine auf Dauer angelegte Maßnahme ist.
Organisationsentwicklung kann sich über mehrere Jahre hinziehen und zielt auf Nachhaltigkeit ab. Daher braucht jede Organisation ein für ihre Belange und Bedürfnisse ausgerichtetes Organisationsentwicklungskonzept, welches sich an einer detaillierten Planung orientiert.
Voraussetzung für das Gelingen des Konzeptes ist, dass die Organisationsspitze selbst von der Maßnahme beziehungsweise der Organisationsentwicklung als Methode überzeugt ist und das Projekt tatkräftig unterstützt.
Organisationsentwicklung muss also mit der Gesamtstrategie und insbesondere mit dem Führungskonzept eines Unternehmens vereinbar sein. Die Unternehmensführung sollte nicht nur die Qualifikationen der Mitarbeiter respektieren, in der alltäglichen Arbeit fördern und zum Einsatz kommen lassen, sondern auch die jeweiligen Arbeitsergebnisse würdigen und die Umsetzung individueller Kreativität unterstützen. Des Weiteren sollten die Mitarbeiter an der Entscheidungsfindung beteiligt werden, sofern die Entscheidungen ihre Kompetenzen und Aufgaben betreffen.
Es geht also nicht nur darum, die Fähigkeiten sowie das Wissen im Unternehmen zu nutzen, zu aktivieren und zu erweitern, sondern auch darum, eine Atmosphäre zu schaffen, in der alle Mitglieder ihre Ideen und Bedürfnisse frei äußern können. Grundsätzlich ist es sinnvoll, auch Nichtmitglieder in den Organisationsentwicklungsprozess einzubeziehen, da deren Sichtweise für die Zielerreichung von Nutzen sein kann. Organisationsentwicklung kann nur dann wirklich erfolgreich sein, wenn unter den Betroffenen die notwendige Akzeptanz und Motivation für Veränderungen vorhanden ist. Diese kann nicht nur mit Hilfe frühzeitiger und umfassender Information geweckt, sondern auch durch die Beteiligung der Mitarbeiter gerade in der Planungsphase gefördert werden. Hier setzt das Konzept Appreciative Inquiry an, worauf im Kapitel zu Organisationsentwicklung und Appreciative Inquiry näher eingegangen werden soll.

Formen und Ansatzpunkte von Organisationsveränderungen

Bei der Planung von Veränderungen wird auf ein breites Spektrum von Ansätzen zurückgegriffen. Nicht nur unterschiedliche wissenschaftliche Zugänge wie die Systemtheorie, die Organisations- und Kleingruppenforschung sowie die Sozialpsychologie bedingen Veränderungsprozesse. Denn je nach wissenschaftlicher Betrachtungsweise von Organisationen ändert sich nicht nur der Umgang mit veränderungsbedingten Problemen, sondern auch die Vielfalt umweltbedingter und praktischer Organisationsprobleme sowie die Eigenarten des jeweiligen Unternehmens, welche sich auf die Vorgehensweise in und mit Veränderungsprozessen auswirken. Daraus resultieren Anforderungen der Umwelt an Organisationen, die bei geplanten Veränderungsprozessen berücksichtigt werden müssen, und Möglichkeiten mit Veränderungen umzugehen. So besteht entweder die Möglichkeit eine Unternehmensberatung mit dem anstehenden Vorhaben zu beauftragen, oder selbstständig, mit organisationsintern erarbeiteten OE-Konzepten, sowie mit Hilfe eines externen Beraters vorzugehen.

Auch wenn es tatsächlich zahlreiche Formen der Kombination dieser beiden Vorgehensweisen gibt, ist es wichtig, sich den Unterschied bewusst zu machen, da im einen Fall die Mitarbeiter und im anderen Fall die Manager wesentliche Akteure des Veränderungsprozesses darstellen. Dieser Unterschied kann den Veränderungsprozess und die Zufriedenheit der Mitarbeiter maßgeblich beeinflussen, da sie entweder aktiv mitgestalten und entscheiden können oder sich mit bereits von der Konzernleitung getroffenen Entscheidungen auseinandersetzen müssen. Die geplante Veränderung bedeutet sowohl die Vermittlung von innerer als auch äußerer Dynamik

Aufgrund dessen setzen die Maßnahmen der Organisationsentwicklung in solchen Teilbereichen an, in denen die Probleme in Erscheinung treten. Das ist zunächst der strategische Bereich, in dem über die Ziele, die Philosophie, die Mission, den Auftrag, offizielle Werte sowie Leitbilder und Konzepte des Unternehmens, aber auch die Sozialstruktur, welche die formelle sowie die informelle Struktur umfasst, entschieden wird. Bei der formellen Struktur geht es um den Aufbau- und die Ablauforganisation von Prozessen, wohingegen die informelle Struktur die Kommunikations- und Verhaltensstruktur einschließt. Einen weiteren Bereich stellt die Technologie eines Unternehmens mit seinen konkreten Methoden und Abläufen der Arbeit dar. Auch Beteiligte, Nutzer (Kunden) und Mitarbeiter sind ein nicht zu vernachlässigender Bereich, genauso wie der Bereich der Austauschbeziehungen mit Umweltakteuren.

Das folgende Zitat verdeutlicht noch einmal die unterschiedlichen Schwerpunkte, die durch die Entscheidung für die eine oder die andere Vorgehensweise gesetzt werden:

> „Stehen bei der traditionellen Unternehmensberatung die Aufbau- und Ablauforganisation im Vordergrund, die meistens nach einem von externen Beratern erarbeiteten Konzept von der Unternehmensleitung „top-down" durchgesetzt werden, so verschiebt sich in der Organisationsentwicklung (OE) der Akzent auf die Arbeitsprozesse und informellen Strukturen, die im Rahmen allgemein gehaltener Zielvorgaben von den Mitarbeitern selbst aktiv verändert und verbessert werden sollen."[54]

Die zukünftige Struktur einer Organisation wird also bei der Organisationsentwicklung aus der Optimierung der Kommunikationsformen und Arbeitsabläufe abgeleitet, während die Unternehmensberatung die Aufbauorganisation zum Ausgangspunkt von Veränderung macht. Der folgende Abschnitt soll sich mit den Ansätzen der Organisationsentwicklung auseinandersetzen, also mit der Frage, wo der Organisationsentwickler jeweils anzusetzen hat.

Oftmals wird unterschieden, ob bei den Mitarbeitern oder der Organisation angesetzt werden soll, oder ob sich die Maßnahmen mehr auf die Prozesse (das „Wie") oder mehr auf die Inhalte (das „Was") konzentrieren sollen. Häufig wird auch eine Unterteilung in technische, strukturelle oder humane Komponenten vorgenommen. Wenn man sich mit den Ansätzen auseinandersetzt, wird man schnell feststellen, dass es keinen allgemeingültigen Ansatz gibt, sondern dass immer vor dem jeweiligen organisatorischen Kontext unterschieden werden muss. Je nach Auswahl des passenden Ansatzes variieren auch die Maßnahmen der OE sowie die Bereiche, an denen diese ansetzen.

Das Verfahren zur situativen Auswahl des passenden Ausgangs- oder Problembereiches wird in der Literatur als situatives Konzept oder Modell sowie als situativer Ansatz bezeichnet. Hierbei werden die folgenden drei Ebenen unterschieden:

1. die Ebene zwischen Organisation und Umwelt
2. die Ebene zwischen den einzelnen Gruppen
3. die Ebene zwischen Organisation und Individuum.

Es gibt auch neuere Ansätze, die insbesondere auf den Bereich Arbeitsklima und dessen Verbesserung abzielen.[55]

---

[54] Gerpott, T.J., Personalmanagement, Heidelberg 2000, S. 355.
[55] Vgl. Hentze, J. /Kammel, A., Grundlagen, Personalbedarfsermittlung, Basel 2001, S. 189ff.

Bei diesem Ansatz wird zwischen der Ebene des Individuums, der Ebene der sozialen Beziehungen der Mitglieder (Organisationsklima) und zwischen der Ebene den technologischen und organisatorischen Strukturen unterschieden (Klassifizierungsversuch von Gebert zwischen strukturalen und personalen Vorgehensweisen.

Der bekannteste Gliederungsversuch stammt jedoch von Friedländer und Brown. Diese unterscheiden zwischen vorwiegend „technisch-strukturellen" Ansätzen auf der einen Seite und „human-prozessualen" Ansätzen auf der anderen Seite. Setzt man also im human-prozessualen Bereich an, so liegt der Fokus auf den Organisationsmitgliedern sowie den Organisationsprozessen. Liegt der Schwerpunkt hingegen auf dem technostrukturellen Bereich, wird die Aufmerksamkeit auf die Veränderung der Organisationsstruktur und Technologie gerichtet.

Die techno-strukturellen Ansätze gehen davon aus, dass sich die Organisationsstruktur und Technologie, deren Restrukturierungen Ziel der Veränderung sind, auf das sichtbare Verhalten der Mitarbeiter innerhalb eines Unternehmens auswirken. Von diesen Ansätzen ausgehend beschränken sich die Maßnahmen im Hinblick auf das Personal einer Organisation, auf Zielsetzungen beziehungsweise Anforderungen und Vorschriften.

Im Gegensatz dazu gehen die human-prozessualen oder personellen Ansätze davon aus, dass Unterschiede im Verhalten der Mitarbeiter auf deren Einstellungen zurückzuführen sind. Deshalb setzten die Veränderungsmaßnahmen von diesen Ansätzen herkommend bei den Lernprozessen und der Weiterbildung des Personals, sowie einer umfassenderen Information und effektiver gestaltetem Wissensmanagement an.

Im Hinblick auf die Mitarbeiter geht es hierbei also vorwiegend um deren Wünsche und Fähigkeiten. Bei der Entscheidung für die zum Unternehmen passende Vorgehensweise in einem Organisationsentwicklungsprozess kann ein Berater helfen. Gerade in großen Unternehmen, in denen Entscheidungen große Wege zurücklegen müssen, ist es von Vorteil, über professionelle Beratung und das Hinzuziehen eines externen Beraters nachzudenken. Gerade wenn es sich um umfangreiche und komplexe Organisationsentwicklungsmaßnahmen handelt, ist ein Berater-Team vorteilhaft, das in der Lage ist, das weite Feld der Organisations- sowie Personalentwicklung einigermaßen abzudecken.

Organisationsentwicklungsberater können wesentlich zum Gelingen und zum erfolgreichen Einsatz von Organisationsentwicklungsmaßnahmen beitragen, wenn sie über die entsprechenden Qualifikationen verfügen. Ein Organisationsentwicklungsberater sollte Fachkenntnisse in Organisation- und Gruppenforschung haben, sowie sich mit der Systemtheorie, der Sozialpsychologie und Betriebswirtschaft auskennen. Des Weiteren sollte er über eine gewisse Methodenkompetenz verfügen. Dazu gehören didaktisches Geschick, methodische Phantasie, das Bewusstmachen und Steuern gruppendynamischer Abläufe sowie die Fähigkeit, diese erfassen zu können. Außerdem sollte ein OE-Berater hinsichtlich seiner kommunikativen Fähigkeiten geschult sein und sich im Bereich der Konfliktbearbeitung auskennen. Gerade die Informationsverarbeitung innerhalb eines solchen Prozesses und die Fähigkeit, Methoden und Techniken vermitteln zu können ist ein wichtiges Thema. Bezüglich der persönlichen Eigenschaften eines Beraters sollte dieser nicht nur zu einem flexiblen Umgang mit Personen und Gruppen fähig sein sowie Begeisterungsfähigkeit erzeugen können, sondern auch Situationen schnell erfassen und dementsprechend reagieren können. Dabei werden vom OE-Berater stets freundliche Umgangsformen und ein Gespür für nonverbale Signale, Einfühlungsvermögen sowie die Fähigkeit zu passiver und aktiver Kritik gefordert.

Abgesehen von den Fähigkeiten, über die ein OE-Berater verfügen sollte, stellt sich in Bezug auf die oben dargestellte Unterscheidung der Vorgehensweisen die Frage, ob die Beratung in Form von Inanspruchnahme einer Unternehmensberatung oder in Form eines internen sowie externen Beraters stattfinden sollte, beziehungsweise wann welche Form der Beratung sinnvoll ist.

Bevor die Unterschiede zwischen internen und externen Beratern näher erläutert werden, können die Vorgehensweisen anhand ihres Interventionsgrades unterschieden werden.

Selbstmanagement

Persönlichkeitsentwicklung und Selbstmanagement gehören in der heutigen Zeit zu beliebten Schlagwörtern. Ganze Bücherwände können gefüllt werden mit Literatur zu diesen Themen und auch die Liste an Coachings und Seminaren zwecks persönlicher Weiterentwicklung erscheint schier endlos. Nachdem sich diese Angebotsfülle zu einem rentablen Wirtschaftszweig entwickelt hat, liegt die Frage nahe, wie ein jeder für sich ganz persönlich Nutzen aus dem Angebot ziehen kann.

Intention der vorliegenden Studienarbeit ist es, einen ersten Überblick über Zusammenhang und Nutzergewinn von Selbstmanagement und Persönlichkeitsentwicklung im Bezug auf Studium und Beruf zu geben. Diesbezüglich erfolgt eine erste Auseinandersetzung mit der Formulierung einer Arbeitsdefinition von Persönlichkeitsentwicklung und einer Diskussion ihrer Teilaspekte.

Im nachfolgenden Kapitel werden das Verhältnis von Selbstmanagement und Persönlichkeitsentwicklung durchleuchtet und Konsequenzen für die berufliche Tätigkeit abgeleitet. Abschließend geht es um die Analyse eigener Erfolgsfaktoren und der effizienten Nutzung dieser Erfolgsfaktoren zur persönlichen Weiterentwicklung.

Bevor eine Auseinandersetzung mit dem Thema überhaupt möglich ist, empfiehlt es sich zunächst einmal zu definieren, was genau unter Persönlichkeitsentwicklung und Selbstmanagement zu verstehen ist.

Die anfängliche Annahme, dass es keine Schwierigkeit darstellen sollte, den Begriff „Persönlichkeitsentwicklung" zu definieren, stellt sich schnell als Irrglaube heraus. Überrascht muss man bei der Literaturrecherche feststellen, dass es eben keine allgemeingültige Definition des Begriffes gibt, vielmehr führt jeder einzelne Autor seine ganz eigene Definition des Begriffes an. So ist es wohl am sinnvollsten, bei der Suche nach einer Arbeitsdefinition ganz einfach zu beginnen, um sich überhaupt einmal bewusst mit dem Wort und seiner Bedeutung zu beschäftigen.

So bedeutet „Persönlichkeits-Entwicklung" also die Persönlichkeit zu entwickeln. Und da in diesem Vorgang ein Streben nach etwas Besserem zu sehen sein sollte, also ein Fortschritt, geht es also um die Weiterentwicklung der Persönlichkeit. Da diese Entwicklung parallel zu einem Reifen im Leben stehen sollte, geht es bei dieser Entwicklung vor allem darum, eine ständige Verbesserung des Status quo anzuvisieren. Somit geht es also darum, allgemeine Fähigkeiten weiter zu spezialisieren, um sich somit zu einer Persönlichkeit zu entwickeln, die immer etwas vielseitiger und leistungsstärker ist, als sie es in der Vergangenheit gewesen ist.

Unter Persönlichkeitsentwicklung soll daher im Folgenden das ständige Bemühen verstanden werden, Kompetenzen im kommunikativen, persönlichen und organisatorischen Lebensbereich zu entwickeln bzw. weiterzuentwickeln. Bei der Persönlichkeitsentwicklung handelt es sich folglich um die Aneignung und Weiterentwicklung von Schlüsselqualifikationen – welche sich nicht nur auf Fach- und Methodenkompetenz, sondern auch auf Sozial- und Selbstkompetenz beziehen. Damit soll vor allem ausgedrückt werden, dass es nicht nur darum geht, sich nur in einem Bereich weiterzuentwickeln. Eine positive Persönlichkeitsentwicklung lebt vielmehr vor allem von einem Ausgleich der Work-Life-Balance. Eine einseitige Fokussierung auf nur einen Lebensbereich würde notgedrungen das Vernachlässigen bzw. Verkümmern anderer Kompetenzen nach sich ziehen. Um den Rahmen der vorliegenden Studienarbeit nicht zu sprengen, wird auf die Schlüsselqualifikationen noch im Bereich der Erfolgsfaktoren weiter eingegangen.

Selbstmanagement findet sich häufig in Stellenanzeigen in direkter Nachbarschaft zu anderen persönlichen Fähigkeiten wie Eigenverantwortung und sozialen Kompetenzen. Doch auch hier existiert keine allgemeingültige Definition.

Um zu einer tragfähigen Begriffsdefinition zu gelangen, wird im Folgenden zunächst einmal wieder von der ganz wörtlichen Bedeutung des Begriffes ausgegangen: Selbstmanagement bedeutet im buchstäblichen Wortsinne, sich selbst zu managen. Das englische Verb „to manage" kann dabei mit „leiten", „führen", „regeln", „bewältigen" oder auch „steuern" übersetzt werden.

Selbstmanagement versetzt uns in die Lage, wie der Kapitän unseres eigenen Schiffes, Verantwortung zu übernehmen, und uns für Handlungen zu entscheiden, die uns unseren Zielen näher und unser Leben in Balance bringen. Erfolgreiches Selbstmanagement versetzt uns in die Lage, Entscheidungen zu treffen, Prioritäten zu setzen, unser eigenes Verhalten zu optimieren und uns auf das Wesentliche zu konzentrieren. Es umfasst also alle Fähigkeiten, Techniken und Fertigkeiten, die die Zielfindung, die Planung, das effektive Handeln und das Zeitmanagement betreffen. Durch effektives Selbstmanagement wird es möglich, uns zur rechten Zeit hinsichtlich unterschiedlichster Anforderungen in die richtige mentale und emotionale Verfassung zu versetzen, um geeignete Strategien zur Lösung eines Sachverhalts finden zu können.

Personalmanagement für ältere Mitarbeiter

Die Bestimmung der Gruppe der älteren Mitarbeiter ist in der einschlägigen Literatur nicht eindeutig und variiert in Bezug auf eine Altersgrenze in erheblichem Umfang.

In der Forschung wird hervorgehoben, dass das Alter allein nicht geeignet ist, Arbeitnehmer eindeutig der Gruppe der „älteren Mitarbeiter" zuzuordnen.[56]

In Studien wurde belegt, dass zwischen biologischem und kalendarischem Alter häufig eine beachtliche Abweichung besteht und es keinen generellen und universellen Abbau von Fähigkeiten und Fertigkeiten mit zunehmendem kalendarischem Lebensalter gibt.[57] Die Eingliederung zur Gruppe der älteren Mitarbeiter ist weniger altersspezifisch als Berufs-, Betriebs-, Tätigkeits-, Geschlechts- und Arbeitsmarktspezifisch.

In der berufsspezifischen Betrachtungsweise kommt insbesondere dem Ausbildung- und Weiterbildungsniveau des Arbeitnehmers eine zentrale Bedeutung zu. Beispielsweise wird ein ungelernter Fabrikarbeiter weit früher zu den älteren Arbeitnehmern zählen, als ein Manager in der höchsten Führungsebene. Aus betriebsspezifischer Sicht wird in lange bestehenden Betrieben, als auch in klein- und mittelständigen Unternehmen die Altersgrenze vergleichsweise höher angegeben, als

---

[56] Vgl. Schöning, H., Personalentwicklung älterer Mitarbeiter, München 1998, S. 39.
[57] Vgl. Schaie, H., Ältere Mitarbeiter in den Unternehmen, Bonn 1991, S. 271ff.

in neu gegründeten Unternehmen der sogenannten Zukunftsbranchen wie etwa der Computer- oder der Bio-Technologien.

Bei Tätigkeiten die eine hohe Reaktionsgeschwindigkeit und Schnelligkeit des Handelns erfordern, wird die Altersgrenze deutlich niedriger sein als bei Tätigkeiten die große Genauigkeit und Sorgfalt erfordern und bei denen der Zeitfaktor nur eine untergeordnete Rolle spielt.

Aus geschlechtsspezifischer Perspektive kommt es bei Frauen eher zu einer Häufung von Risikofaktoren. Aufgrund von gesundheitlichen Belastungen und geringeren beruflichen Qualifikationen – zumeist Konsequenz von mangelnder Vereinbarkeit von Familie und Beruf werden Frauen weitaus früher zur Gruppe der älteren Arbeitnehmer gerechnet. Dies führt bei Rationalisierungs- und Personalfreisetzungsmaßnahmen zu einer stärkeren Berücksichtigung von Frauen.

Auch die Arbeitsmarktsituation wirkt sich auf die Zugehörigkeit zur Gruppe der älteren Arbeitnehmer aus. In Zeiten hoher Arbeitslosigkeit werden Arbeitnehmer zu einem früheren Zeitpunkt in die Kategorie der „Älteren" eingestuft als in Zeiten des Arbeitskräftemangels.

Obwohl die gerontologische Forschung aus den genannten Motiven auf Altersgrenzen verzichtet, ist es in der empirischen Forschung sowie aus statistischen Gründen erforderlich eine kalendarisch orientierte Definition älterer Arbeitnehmer vorzunehmen.

Die internationale Organisation der Industrienationen für wirtschaftliche Zusammenarbeit und Entwicklung (OECD) definiert die Gruppe der älteren Arbeitnehmer als Personen, die in der zweiten Hälfte ihres Berufslebens stehen, gesund und arbeitsfähig sind und noch nicht pensioniert wurden. Danach handelt es sich in der Regel um Personen ab dem fünfzigsten Lebensjahr. Es gilt allerdings festzuhalten, dass auch andere Altersgrenzen genannt werden, die vom 36. Lebensjahr bis zum 55. Lebensjahr reichen.

Im Weiteren wird untersucht, was die Gruppe der älteren Mitarbeiter von den übrigen Mitarbeitern im Unternehmen unterscheidet. Dazu wird die Arbeitsleistung speziell älterer Arbeitnehmer genauer untersucht und analysiert. Die Erstellung von Leistungen ist eines der wichtigsten Unternehmensziele. Ebenso wie jüngere Arbeitnehmer leisten ältere Mitarbeiter durch ihre individuellen Arbeitsergebnisse wichtige Beiträge zum Erfolg des Unternehmens. Die Gruppe der älteren Mitarbeiter sollte daher für das Unternehmen nicht nur eine Problem-, sondern auch eine Leistungsgruppe darstellen.

Die Qualität und Menge der Arbeitsleistungen älterer Mitarbeiter wird durch verschiedene Faktoren der menschlichen Arbeitsleistung bestimmt. Die Determinanten der Arbeitsleistung lassen sich in das Leistungsangebot der älteren Mitarbeiter selbst, die Leistungsanforderungen der Tätigkeit und in die Leistungsabgabe der übrigen Produktionsfaktoren differenzieren.

Das Leistungsangebot der Arbeitnehmer gliedert sich in die Bestandteile Leistungsvermögen und Leistungswille. Das Leistungsvermögen wiederum in die Bereiche Leistungsfähigkeit und Leistungsdisposition.

Im Rahmen der *Leistungsfähigkeit* werden zum einen physische Aspekte wie Gesundheit, körperliche Belastbarkeit und Fitness, zum anderen psychische Gesichtspunkte wie Intelligenz und Denkvermögen des Mitarbeiters erfasst. Arbeitsphysiologische Untersuchungen haben gezeigt, dass der menschliche Körper im Alter an Leistungsfähigkeit verliert.

Der Rückgang der Leistungsfähigkeit im Alter lässt sich vor allem durch gesundheitliche Beeinträchtigungen und nachlassende körperliche Belastbarkeit begründen.

Bei der Bestimmung der geistigen Leistungsfähigkeit der (älteren) Menschen nimmt die Intelligenz einen hohen Stellenwert ein. Diese lässt sich in eine fluide und kristallisierte Form unterscheiden.

Unter fluider Intelligenz versteht man die Grundlagen des wahrnehmenden und erkennenden Denkens. Im Rahmen der fluiden Intelligenz wird z. B. die Speicherung und Verarbeitung von Informationen zur kreativen Aufgabenbewältigung im Unternehmen untersucht. Speziell das Lernen und Erinnern von vergangenen Ereignissen und deren Details können im Alter mehr Zeit in Anspruch nehmen als bei jüngeren Menschen. Tendenziell lässt sich daher im Alter eine Leistungseinschränkung für diese Form der Intelligenz feststellen.

Die kristallisierte Intelligenz hingegen betrifft die inhaltliche Ausgestaltung des Wissens und Denkens. Sie ist damit Ausdruck der Intelligenz- und kulturbezogenen Lebenserfahrung und kann daher im hohen Alter noch gesteigert werden. Defizite im körperlichen Bereich bzw. der fluiden Intelligenz können daher durch ein gewisses Maß an Erfahrungswerten ausgeglichen werden.[58]

Ältere Mitarbeiter sind aufgrund dessen in der Lage, selbst im hohen Alter noch überdurchschnittliche Leistungen zu erzielen. Es kann somit kein allgemeingültiger, für alle Personen gleichermaßen geltender Abbau intellektueller Fähigkeiten festgestellt werden. Neben der Leistungsfähigkeit des Arbeitnehmers wird das Leistungsvermögen durch die *Leistungsdisposition* beeinflusst.

Mit der Leistungsdisposition ist der individuelle menschliche Biorhythmus gemeint. Danach erreicht der Mensch aufgrund verschiedener wissenschaftlicher Untersuchungen in der Regel vormittags und am späten Nachmittag seinen Leistungs-

---

[58] Vgl. Schaie, H., Ältere Mitarbeiter in den Unternehmen, Bonn 1991, S. 271ff.

höhepunkt. Dieser Leistungsverlauf ist allerdings idealtypisch und kann daher nur schwer verallgemeinert werden, da Leistungsschwankungen gerade bei älteren Menschen sehr unterschiedlich sein können.[59]

Aufgrund von gesundheitlichen Beeinträchtigungen, Schlafstörungen, unregelmäßigen Arbeitszeiten und beruflichen Stresssituationen kann die persönliche Leistungsdisposition vom typisierten Leistungsverlauf abweichen. Das Leistungsvermögen kann das Leistungsangebot des Arbeitnehmers jedoch nicht vollständig erklären.

Neben den notwendigen Fähigkeiten und Leistungsdispositionen muss der Arbeitnehmer über einen entsprechenden *Leistungswillen* verfügen. Dieser Wille hängt in entscheidendem Maß von den Wertvorstellungen des Arbeitnehmers ab.[60]

In diesem Zusammenhang ist es wichtig, wie der Arbeitnehmer sein Leistungsvermögen auf Berufs- und Privatleben verteilt. Vor dem Hintergrund der individuellen Wertvorstellungen lassen sich Arbeitnehmer daher in zwei unterschiedliche Gruppen differenzieren.

Die erste Gruppe sieht die Befriedigung ihrer Bedürfnisse eher außerhalb ihrer Arbeit. Die Arbeit dient lediglich der materiellen Existenzsicherung. Ein großer Teil des Leistungsvermögens wird daher im privaten Bereich in Anspruch genommen, dass schließlich bei der Erbringung der betrieblichen Arbeitsleistung fehlt. Der Arbeitswille des Mitarbeiters wird in diesem Fall eher durchschnittlich sein. Es ist daher zu vermuten, dass ältere Arbeitnehmer mit diesen personenbezogenen Eigenschaften eher dazu tendieren, früher aus dem Erwerbsleben auszuscheiden. Wohingegen Mitarbeiter, die durch ihre betriebliche Arbeitsleistung einen wesentlichen Teil der Bedürfnisbefriedigung sehen, einen großen Teil ihres Leistungsvermögens in ihre Arbeit investieren. Diese Gruppe von Arbeitnehmern kann als überdurchschnittlich motiviert erachtet werden.[61]

Aus unternehmerischer Perspektive ist eine möglichst langfristige Nutzung des Leistungsangebots dieser Arbeitnehmergruppe sinnvoll. Die Arbeitsergebnisse älterer Arbeitnehmer werden weiterhin von den Leistungsanforderungen der Tätigkeit und der Leistungsabgabe der übrigen Produktionsfaktoren beeinflusst.

Der Vergleich von *Leistungsanforderungen der Tätigkeit* und des Leistungsangebots der älteren Mitarbeiter zeigt auf, ob der Arbeitnehmer für eine bestimmte Tätigkeit geeignet ist oder nicht.[62]

---

[59] Vgl. Wagner, M., Personalmanagement, München 1966, S. 84.
[60] Vgl. Ebd., S. 88.
[61] Vgl. Ebd., (1966), S. 88 und Lehr, M., Mitarbeiter einer anderen Generation, Stuttgart 1986, S. 37.
[62] Vgl. Scholz, C., Personalmanagement, München 2000, S. 251ff.

Bei möglichen Diskrepanzen zwischen Leistungsanforderung und Leistungsabgabe, können die Anforderungen gesenkt, das Leistungsangebot durch Personalentwicklungsmaßnahmen verbessert sowie Versetzungen oder Personalfreisetzungen vorgenommen werden.

Mittlere und große Organisationen als Untersuchungsobjekt

Vorab werden die zwei unterschiedlichen Sichtweisen des *Organisationsbegriffes* dargestellt: Die instrumentelle Sichtweise versteht eine Organisation als ein Werkzeug, mit welchem Leistungsprozesse gesteuert werden. Demnach *hat* ein Unternehmen eine Organisation. Dagegen ist nach der institutionellen Sichtweise ein Unternehmen selbst eine Organisation. Nachfolgend sollen beide Begriffsverständnisse miteinander verknüpft werden, so dass eine Organisation (im institutionellen Sinn) eine Organisation hat (im instrumentellen Sinn).

In der Wissenschaft wird zusätzlich zwischen Aufbau- und Ablauforganisation unterschieden. Die Aufbauorganisation regelt die Organisation der Elemente, wie etwa der Abteilungen in Unternehmen. Die Ablauforganisation befasst sich mit den Handlungsvorgängen, also den einzelnen Arbeitsprozessen. Darin ist unter anderem die Teilung der unternehmerischen Gesamtaufgabe in Teilaufgaben enthalten, welche schließlich im Rahmen der Aufgabensynthese zu Stellen zusammengefasst werden. Dadurch verringert sich zwar die Vielfältigkeit einer Stelle, jedoch entstehen die gewünschten Spezialisierungsvorteile, da sich die Tätigkeiten an einem Arbeitsplatz regelmäßig wiederholen.

Ein weiterer, negativer Effekt hoher Spezialisierungsgrade besteht neben eintönigen Aufgabenbereichen in erheblichen Koordinationskosten. Eine stark fragmentierte Aufgabe muss von zahlreichen Stellen bearbeitet und häufig an andere Mitarbeiter übergeben werden. Dieser Faktor hat teilweise zu einer Umkehr von immer intensiverer Spezialisierung hin zu einer Prozessorientierung geführt, bei welcher eine Aufgabe möglichst ganzheitlich betrachtet wird und so einer einzigen Stelle zugeordnet werden kann. Zwar sinkt dadurch nachvollziehbar der Koordinationsaufwand, obligatorisch bleibt die Abstimmung in einer Organisation dennoch: Arbeitsteilung ist Teil jeder Unternehmung, wodurch immer auch Koordination notwendig wird. Zudem umfassen die bei der Aufgabensynthese erzeugten Stellen verschieden ausgeprägten Kompetenzen und Verantwortungen.

Die zugeteilten Rechte und Befugnisse erstrecken sich zuweilen auf andere Stellen, wenn damit Führungsaufgaben verbunden sind. Eine Organisation ist damit ein komplexes System, das sich aus verschiedenen Elementen mit Interdependenzen zusammensetzt. Namentlich sind dies neben Sachmitteln besonders die Mitarbeiter, zwischen denen mannigfaltige Beziehungen bestehen.

Der notwendigen, regulierenden und steuernden Funktion zwischen den Mitarbeitern dient die *Kommunikation*. Ohne sie ist das einheitliche Verfolgen wirtschaftlicher Ziele nicht denkbar. Meier sieht damit Kommunikation als elementare Voraussetzung für die Planung, Steuerung und Regelung aller betrieblichen Prozesse.

Gerade bei mittleren und großen Organisationen wird Kommunikation durch räumliche Distanz und Zielkonflikte zusätzlich erschwert. Deshalb beschäftigt sich diese Arbeit vorrangig mit solchen Organisationen, die gesteigerte Anforderungen an die interne Kommunikation haben, sei es durch den Betrieb von zwei geographisch getrennten nationalen oder internationalen Niederlassungen oder eine große Anzahl von Abteilungen oder Fachbereichen, die tendenziell zu einem erhöhten Risiko von Zielkonflikten führen.

Eine exakte Definition dessen, was mittlere und große Organisationen ausmachen, ist demzufolge nicht erforderlich. Wichtig ist jedoch festzuhalten, dass bei zunehmender Unternehmensgröße die Bedeutung interner Kommunikation einen immer höheren Stellenwert einnimmt. Im weiteren Verlauf dieser Arbeit werden die Begriffe Organisation und Unternehmen oder Unternehmung synonym verwendet.

Kommunikation dient allgemein der Vernetzung verschiedener Gruppen in Organisationen und ist Grundlage für Kooperation und Informationsvermittlung. Die Anforderungen an Kommunikation haben jedoch seit dem Wandel von schwerer industrieller Produktion hin zu intelligenten Produkten und wissensbasierten Dienstleistungen deutlich zugenommen.

Die bloße Vernetzung ist nicht mehr ausreichend, stattdessen muss bewusster und systematisch mit Informationen und Wissen umgegangen werden. Wir stellen zudem fest, dass sich nicht nur ein Wandel zu einer Dienstleistungsgesellschaft vollzieht, sondern dass zusätzlich in dem verbleibenden produzierenden Gewerbe die dienstleistenden und informationsverarbeitenden Funktionen zunehmen. Der Wert eines PKW soll demnach zu 70 % aus „unsichtbaren" Leistungen bestehen, wie etwa Strategie, Wissen oder Markenimage.

Ferner steigen die Anforderungen an Unternehmen durch Globalisierung und Internationalisierung. Produktionsstandorte werden dezentralisiert, internationale Kooperationen immer bedeutender. Daraus resultieren kürzere Produktlebenszyklen, steigender Einfluss des Wissens in einer Organisation auf den Erfolg, schnellerer technologischer Wandel und veränderte Ansprüche an die Kommunikation.

Die Ressourcen eines Unternehmens können materiell (Maschinen) und immateriell sein. Immaterielle Ressourcen, wie Patente oder Wissen, sind besonders dann ein wichtiger Erfolgsfaktor für Unternehmen, wenn sie nicht imitierbar oder substituierbar sind und vor allem auf ein Produkt oder eine Dienstleistung transferiert werden können.

Die oben beschriebenen unternehmerischen Umstände fordern zu einem Umdenken auf und müssen dem Wissen einen sehr hohen Stellenwert einräumen. Neben anderen vertritt Köhne die Ansicht, dass Wissen die entscheidende und einzig echte Ressource ist, die langfristig Wettbewerbsvorteile entwickeln kann. Dieser Ansicht wird hier gefolgt.

Die reine Ansammlung von Informationen in Datenbanken oder Wissen in den Köpfen der Mitarbeiter allein reicht jedoch nicht aus. Das Know-how verschiedener Bereiche muss miteinander verknüpft werden, also Anwendungswissen, Fachwissen und Entscheidungswissen. Dazu benötigt eine Organisation eine funktionierende Kommunikation, welche unter anderem die nötigen Strukturen und Bereitschaft zur Weitergabe des Wissens aufweist. Ohne diese Voraussetzungen kann Wissen nicht strategisch genutzt werden. Das bedeutet auch, dass Organisationen ihre interne und externe Kommunikation kritisch überprüfen müssen, um sich den neuen Rahmenbedingungen anpassen zu können. Nur am Rande sei an dieser Stelle auf die Bedeutung der lernenden Organisation hingewiesen.

Der Anpassungsprozess an die immer komplexer werdende Umwelt stellt Unternehmen ständig vor die Bewältigung neuer Herausforderungen. Eine elementare Voraussetzung dafür ist die unternehmensinterne Kommunikation.

Eine weitere Anforderung an die Kommunikation in Organisationen ist die Berücksichtigung des Wandels von bislang ökonomisch-monetären Unternehmenszielen zu verstärktem Fokus von sozialen Zielen. Ursächlich dafür sind arbeits- und organisationspsychologische Erkenntnisse, welche zu humanzentrierten Organisationskonzepten geführt haben. Den Ausgangspunkt bilden die Hawthorne-Experimente, welche dem Motivationsfaktor der Mitarbeiter einen großen Einfluss auf die Arbeitsleistung zusprechen.

Als Voraussetzung für engagiertes Personal wird das Kennen und Verstehen der Unternehmensziele. Mitarbeitern müssen dafür die Ziele und Maßnahmen rechtzeitig und umfassend vermittelt werden. Sie müssen die Zusammenhänge und Abläufe im Unternehmen verstehen können, um ihr Aufgaben effizient in den Gesamtablauf zu integrieren. Denknotwendig hält nicht nur die Verständigung der festgelegten Ziele für die Grundlage von Motivation, sondern schließt die Beteiligung der Mitarbeiter an den Entscheidungsprozessen mit ein. Nur so kann vom Personal Flexibilität, Eigenverantwortung, Mitdenken und echte Leistungsbereitschaft erwartet werden. An dieser Stelle wird auch die Betroffenheit der Kunden deutlich. Denn eine positive Außenwirkung wird einer Unternehmung nur dann gelingen, wenn die Mitarbeiter zufrieden und motiviert sind – und so das positive Bild *ihres* Unter-

nehmens nach außen weitergeben können. Dafür sind zunächst interne Vorleistungen zu erbringen, die insbesondere die Kommunikation betreffen.
Doch auch die Kommunikation mit den Kunden darf nicht einseitiger Natur, sondern muss dialogisch ausgerichtet sein. Somit ist der Austausch von Meinungen, Gedanken und Ideen möglich, so dass beide Seiten lernen können und die Organisation ihre Tätigkeiten am Kunden ausrichten kann. Darauf muss allerdings auch die interne Kommunikation zunächst vorbereitet und abgestimmt werden.

Problemdarstellung

Zur durchdachten Erfassung der Probleme wird hier einem bereits vor 20 Jahren aussprechendem Denkansatz von gefolgt, der noch heute volle Gültigkeit besitzt. Drei Ebenen der Kommunikation wurden entwickelt: die unterste, in der es um die übermittelte Nachricht geht; die zweite Ebene, die eine Interaktion zwischen zwei Akteuren ganzheitlich betrachtet; schließlich die dritte Ebene zur Betrachtung des Kommunikationssystems in einem Unternehmen.

Zur ersten Ebene gehören neben syntaktischen Kommunikationsstörungen in Form von Rauschen, Nebengeräuschen, Sehfehlern u. ä. auch semantische Störungen. Diese äußern sich in zwar einwandfrei übermittelten Signalen, welche jedoch vom Empfänger fehlinterpretiert werden. Beispielhaft dafür kann die Challenger-Katastrophe von 1986 angeführt werden, bei der es durch unterschiedlichen Sprachgebrauch von Technikern und dem Management zu Kommunikationsstörungen kam, was zum Scheitern der Mission führte.

Zu den Interaktionskonflikten auf der zweiten Ebene zählen neben interorganisationalen vor allem interpersonelle und gruppeninterne Konflikte. Diese können sich in einer Organisation horizontal zwischen gleichrangigen Kollegen, vertikal zwischen verschiedenen Leistungsebenen oder auch organisations-übergreifend abspielen.

Wichtigste Problemfaktoren sind Machtgefälle, Rollendifferenzierung und die Ein- bzw. Wechselseitigkeit von Austauschbeziehungen. Letztgenanntes betrifft die Information und Partizipation der Mitarbeiter. Werden diese als Mindestanforderung nicht einmal über unternehmerische Entwicklungen und Ziele informiert, kann Identifikation und Motivation nicht ernsthaft von ihnen erwartet werden.

Vor allem der Rolle des Personals als Meinungsmultiplikator in der Öffentlichkeit wird häufig zu wenig Beachtung geschenkt. Als Folge dessen sind hohe Fluktuationsraten, hohe Krankheitsstände, sogar Mobbing und Defizite in der Qualitätssicherung zu nennen. Daraus können für Mitarbeiterrekrutierungen, um die ständig frei werdenden Stellen neu zu besetzen, die Einarbeitung des Personals, Arbeitsausfälle durch Krankheiten und damit Überlastung des verbleibenden Personals, Verschlechterung der Arbeitsleistung usw. enorme Kosten entstehen.

Auf der anderen Seite dürfen Mitarbeiter nicht unselektiert mit Informationen überhäuft werden, wodurch Desorientierung entstehen kann und die Informationsmöglichkeiten nicht mehr wahrgenommen werden.

Ferner muss die Glaubwürdigkeit von internen Informationen sichergestellt werden, ansonsten entsteht Desinteresse, was sich wiederum negativ auf das Betriebsklima auswirken kann.

Wie bereits oben angeführt, kann durch die Beteiligung der Mitarbeiter an Entscheidungsprozessen, also dialogischer interner Kommunikation, von gesteigerter Motivation und Leistungsbereitschaft ausgegangen werden. Dies fördert den Spaß an der Arbeit und damit eine höhere Belastbarkeit in Stresssituationen. Durch die effektivere und effizientere Arbeitsweise motivierter Mitarbeiter wird die Leistung erhöht, wodurch letztlich Kosten eingespart werden. Aufgrund mangelhafter Kommunikation sind Reibungsverluste, Missverständnisse, langwierige Arbeitsprozesse und Parallelarbeiten oder Leistungseinbrüche zu erwarten.

Als ursächlich für insuffiziente Kommunikation konnten im Rahmen einer Studie Faktoren, wie fehlende Zusammenfassung, ungleiche Präferenzen und Ziele, mangelhaftes Vertrauen, Zeitdruck uvm., ausgemacht werden.

Zu den Auswirkungen auf Kunden zählen fehlende Kundenorientierung aufgrund mangelhafter Kommunikation der Kundenorientierung als Unternehmensziel, fehlende Freundlichkeit im Kundengespräch oder ungenügende Kompetenz der Mitarbeiter durch zurückgehaltene Informationen.

Doch auch interpersonell drohen Konflikte, wenn nämlich ein Akteur die Kontrolle über eine Interaktion zu verlieren droht und ein Abwehrmechanismus einsetzt, welcher von seiner Meinung und Einstellung abweichende Informationen nicht zulässt und bestätigende Annahmen überbewertet. Die für eine Unternehmung wichtigen Lernprozesse werden damit verhindert.

Schließlich zählen zu der dritten entwickelten Ebene strukturelle Einflussfaktoren. Gemeint sind organisatorische Strukturen zur Ausgestaltung der Kommunikation bzw. des Wissenstransfers. Dabei ist beispielsweise zu hinterfragen, welche Bereiche einer Organisation auf Welche Art und Weise in den Transfer einzubinden sind oder welche Anreizsysteme es gibt. Häufig hat sich in der Praxis als problematisch erwiesen, dass Wissensflüsse keineswegs immer offiziellen Strukturen folgen und dementsprechend gesteuert werden können. Dieses selbstorganisierende Charakteristikum von Organisationen muss bei der Gestaltung von Kommunikationsstrukturen Berücksichtigung finden. Sollte die interne Kommunikation die Vernetzung und Verwertung von Wissen nicht leisten können, schadet dies langfristig allen Unternehmensbereichen, etwa bei erhöhtem Suchaufwand oder Mehrfachaufwendungen bei der Entwicklung von Produkten oder der Kundenbetreuung, Einbußen bei Produktivität und Qualität oder verringerter Zufriedenheit bei Mitarbeitern und Kunden durch verzögerte oder gar Fehlentscheidungen.

Entstehen durch mangelhafte interne Kommunikation unnötig Kosten, können diese Mittel nicht mehr in die Organisation investiert werden. Darunter kann auch der Kunde leiden, wenn z. B. Neuentwicklungen nicht ausreichend vorangetrieben oder fehlerhafte Produkte nicht umgehend verbessert werden können bzw. weniger qualifiziertes und somit kostengünstigeres Personal eingestellt werden muss. Aus diesem Grunde muss sich eine Organisation mit ihrer internen Kommunikation auseinander setzen, um negative Auswirkungen weitestgehend verhindern und Potenziale voll ausschöpfen zu können.

Personalmarketing

Was waren das noch für Zeiten, als man mehr offene Stellen als Bewerber hatte. Innovation war gefragt als es um die Bewerberansprache ging. Personalmarketing war nicht länger nur ein Begriff im Rahmen des Personalmanagement, Personalmarketing wurde gelebt. Nur wer kreativ und aktiv am Markt agierte, konnte bei der Suche nach den idealen Kandidaten, den Mitbewerber ausstechen. Doch dann kam die Rezession und vergessen waren alle Ambitionen, in die Bewerberansprache mehr als nötig zu investieren. Angesichts von mehr als 5 Millionen Arbeitslosen scheint die Gewinnung von qualifizierten Mitarbeitern problemlos möglich zu sein. Dennoch stehen Arbeitgeber auch in Krisenzeiten vor der Frage, welche Wege der Personalbeschaffung geeignet sind, um Fach- und Führungskräfte für ihr Unternehmen zu gewinnen. In den nächsten Jahren werden sowohl durch sinkende Erwerbstätigenzahlen (demographischer Engpass) als auch eine ähnlich verlaufende Arbeitsmarktsituation in Deutschland und in den EU-Staaten erwartet. Daher empfiehlt sich der Aufbau eines effizienten Personalmarketings bereits heute. Mit geeigneten Maßnahmen qualifizierte Mitarbeiter anzusprechen und sich als attraktiver Arbeitgeber auf dem Arbeitsmarkt zu präsentieren. Dazu sind auch Unternehmen mit kleinem Personalbeschaffungsbudget in der Lage. Was genau Personalmarketing bedeutet und wie es effektiv umgesetzt werden kann, soll mit der folgenden Arbeit näher erläutert werden.

Um ein allgemein gleiches Verständnis aufzubauen, wird am Beginn der Arbeit Personalmarketing zunächst definiert.

Definition, Zusammensetzung und Ziele des Personalmarketings

Personalmarketing wird als Querschnittsfunktion verstanden, welche Ziel(gruppen)-bezogen auf die Instrumente und Inhalte aller personalwirtschaftlichen Funktionen zurückgreift und die integrative Sicht über alle Schnittstellen hinweg fördert. Das primäre Ziel des Personalmarketings besteht in der Schaffung von Voraussetzungen zur langfristigen Sicherung der Versorgung einer Unternehmung mit qualifizierten und motivierten Mitarbeitern. Personalmarketing richtet sich an vorhandene und potentielle Mitarbeiter bzw. Bewerber.

Erste Personalmarketingansätze wurden vor mehr als 3000 Jahren in China beobachtet. Dort wählte man öffentliche Bedienstete mit Hilfe von verschiedenen

Tests (Bogenschießen, Reiten) aus. Im Jahre 1677 erfolgte die Offiziersauswahl durch bestimmte Verfahren. Um ca. 1775 war Lavater überzeugt durch Tests von charakteristischen physiognomischen Merkmalen (Körperform, Haar, Stimme, Handschrift etc.) Helden, Gelehrte und Führer identifizieren zu können. In England werden seit 1942 Offiziere durch Auswahlverfahren ausgewählt.

Im Grunde wurde in der Literatur innerhalb zweier Zeiträume verstärkt über Personalmarketing geschrieben. Zum einen zwischen 1968 und 1975 mit dem Fokus Personalbeschaffung und zum anderen im Zeitraum von 1987 bis heute. Die verstärkte Beschäftigung mit Personalmarketing ergab sich meist aus praktischen Bedürfnissen, die auf vorhandenem und auf zu erwartendem Mangel an qualifiziertem Personal basierte.

Spezielle Ziele für den internen Personalmarkt

- Steigerung der Identifikation der Mitarbeiter mit „ihrem" Unternehmen
- Senkung der Fluktuationsrate (und damit der Personalbeschaffungskosten)
- Steigerung der Mitarbeiterzufriedenheit
- Steigerung der Zahl der internen Bewerbungen
- Bildung eines internen Pools entwicklungsfähiger Mitarbeiter durch entsprechende Personalentwicklungsmaßnahmen

Spezielle Ziele für den externen Arbeitsmarkt

- Die langfristige Absicherung eines externen Akquisitionspotenzials durch Steigerung des Bekanntheits-grades und Verbesserung des Personalimages am Arbeitsmarkt
- Senkung der Kosten für Personalwerbung im Zuge einer Steigerung der Zahl der Bewerbungen und der Steigerung der Qualität der eingehenden Bewerbungen. Von Bedeutung ist die Verkürzung der Zeit der Vakanz einer Stelle.

Aufgabengebiete des Personalmarketings

Eine zentrale Aufgabe des Personalmarketings besteht in der Optimierung der personellen Wertschöpfung durch eine zweckorientierte und strategische Positionierung der Mitarbeiter. Mitarbeiter mit geeigneten Qualifikationen sollen für eine Position zur richtigen Zeit, am richtigen Ort, zu nutzengerechten Kosten zur Verfügung stehen. Eine weitere Aufgabe ist, die innerbetriebliche Mobilität der vorhandene Mitarbeiter zu fördern und andererseits die konsequente Besetzung der einzelnen Positionen mit dem geeigneten Mitarbeiter.

Akquisitionsfunktion

Zunächst hat das Personalmarketing eine **Akquisitionsfunktion**.
Unter Akquisition versteht man den Prozess der Beschaffung von Personal auf dem internen bzw. externen Arbeitsmarkt.
Unter der Akquisitionsfunktion wird verstanden, dass die angebotene Stelle auf Interesse stößt, weil hier eine interessante Tätigkeit angeboten wird. Bei einer Untersuchung aus den neunziger Jahren stellte sich heraus, dass Mitarbeiter folgende Vorteile aus Unternehmen besonders schätzen:

Vorteile von mittelständischen Unternehmen:

- gutes Betriebsklima (82%)
- guter Kontakt zu den Kollegen und dem Chef (77%)
- freieres arbeiten (62%)
- räumliche Nähe von Wohn- und Arbeitsstätten (43%)

Vorteile von Unternehmen aus der Großindustrie:

- höhere Verdienstmöglichkeiten (79%)
- weniger Stress (64%)
- sichere Arbeitsplätze (47%)

Aber auch andere Argumente können hier von Bedeutung sein z. B.

- Arbeitgeber mit hohem Imagewert
- zukunftsorientierte Fortbildungsmöglichkeiten
- attraktive Arbeitszeit

Diese Argumente sollten entsprechend auch gegenüber den potenziellen Bewerbern in den Vordergrund gestellt werden, damit diese wirksam werden. Diese Aufgabe fällt dem Personalmarketing zu.

Personalmarketing und Produktmarketing

Wie erwähnt wurde, handelt es sich bei Personalmarketing um die Anwendung des Marketingbegriffes, der ursprünglich aus dem Absatz- und Vertriebsbereich stammt und auf die betriebliche Personalarbeit übertragen wurde, um die Grundüberlegungen des originären Marketings auf das Personalmarketing zu übertragen.

Hier wird deutlich, dass Personalmarketing die Grundgedanken des Marketings aufgreift, sich jedoch auf relevante Zielgruppen hinsichtlich ihrer Bedürfnisse fokussiert. Dabei müssen auf der Informationsseite die Bedürfnisse von aktuellen und potentiellen Mitarbeitern erfasst werden, um dann auf der Aktionsseite die Erfüllung dieser zu signalisieren. Somit wird es für den (potentiellen) Mitarbeiter erstrebenswert, der Unternehmung seine Arbeitskraft anzubieten. Voraussetzung ist die Annahme, dass Arbeitskräfte in ihrer Entscheidung, einen Arbeitsplatz einzunehmen bzw. zu behalten, wie bei einem Produktkauf prinzipiell frei sind. Daraus ergibt sich für Scholz folgende Definition von Personalmarketing:

„Personalmarketing heißt Umsetzen des Gedankens im Personalbereich. Das Unternehmen inklusive Arbeitsplatz (Produkt) muss an gegenwärtige und zukünftige Mitarbeiter (Kunden) »verkauft« werden, wobei die Unternehmenskultur (Produkteigenschaft) eine entscheidende Rolle spielt."[63]

Jedoch wird in heutigen modernen Personalmarketing-Konzepten die Gegenüberstellung von dem Gütermarketing auf das Personalmarketing durchaus kritisch gesehen. Hier werden nicht Arbeitsplätze verkauft, sondern über eine Honoration wie Lohn, Gehalt die Bereitschaft aufgebaut, einen Arbeitsplatz anzunehmen und dort Leistungen zu erbringen.

Es werden hier weitere zentrale Unterschiede gezeigt. Diese bestehen in der: Preisbildung: Auf den Arbeitsmärkten ist diese im Gegensatz zu Gütermärkten durch Gesetze und Gewerkschaften stark reglementiert, es gibt daher im Preis kaum einen Spielraum nach unten.

Die Relation zwischen Angebot und Nachfrage tendiert auf Gütermärkten zum Ausgleich, während auf bestimmten Teilarbeitsmärkten häufig ein dauerhaftes Missverhältnis besteht. Auch ist die Transparenz wesentlich niedriger auf Arbeitsmärkten als auf den Gütermärkten, und die Tragweite der persönlichen Entscheidungen des Individuums ist bei der Entscheidung um einen Arbeits-/Ausbildungsplatz wesentlich gravierender, als bei einer Entscheidung für ein Produkt.

---

[63] Scholz, C., Personalmanagement, München 2000, S. 419.

Wie das Marketing orientiert sich auch das Personalmarketing an den Bedürfnissen von Kunden. Wobei beim Personalmarketing zwei Hauptkunden herausgestellt werden können. Erstens der Mitarbeiter/Auszubildende und zweitens die Abteilung, welche die Mitarbeiter/Auszubildenden einstellt bzw. übernimmt. Traditionell wird das Personalwesen als eine Art Beschaffungswesen gesehen, das am Personalmarkt einkauft und die Personalbestände pflegt. Der Grundsatz lautet: "Sie leisten, wir bezahlen Sie dafür". In der vorliegenden Betrachtung wird dieser Grundsatz verändert zu: "Wir als Unternehmen leisten etwas für Sie und Sie bezahlen uns dafür mit Ihrer Arbeitsleistung". Diese Veränderung bewirkt tief greifende Veränderungen. Die Personalmarketingabteilung wird somit zum Dienstleister.

Das Personalmarketing wird in der Regel bipolar gesehen. Das heißt als internes und als externes Personalmarketing. Der Schwerpunkt beim nachfolgend betrachteten Ausbildungsmarketing liegt beim externen Personalmarketing, deswegen wird die Theorie des internen nur kurz erläutert. Das externe Personalmarketing hat zum Ziel, das Unternehmen in den relevanten Personalmärkten positiv zu positionieren und zu profilieren, d. h. „über das Unternehmen zu informieren, potentielle Mitarbeiter auf das Unternehmen hinzuweisen, sie eventuell für eine Mitarbeit zu interessieren mit dem Ziel, die geeigneten auszuwählen und einzustellen."[64] Das externe Personalmarketing hat dabei vier hauptsächliche Aufgaben zu lösen:

1. Die individuelle Attraktivität des Unternehmens als Arbeitsplatz herauszuheben, nach außen darzustellen und zielgruppengerecht zu kommunizieren.
2. Die Auswahl und Nutzung geeigneter und effektiver Personalbeschaffungswege und -maßnahmen sicherzustellen.
3. Konkrete Einstiegsangebote bedarfsgerecht, zielgruppengerecht und zeitgemäß zu entwickeln und zu formulieren (darunter fallen z. B. Aufgaben von der Gestaltung und Platzierung einer Stellenanzeige bis zur Entwicklung bestimmter Ausbildungsprogramme für bestimmte Zielgruppen).
4. Die Analyse von Bewerbungen und Auswahl der geeigneten neuen Mitarbeiter vorzunehmen.

Das externe Personalmarketing wird mit den folgenden Schwerpunkten beschrieben:

1. externe Personalanwerbung
2. Arbeitgeberimage (Werbung durch Arbeitgeberimage-Maßnahmen, wie Image-Anzeigen, Informationsbroschüren oder Wettbewerbe

---

[64] Manfred, B., Erfolgreiches Personalmarketing, Heidelberg, 1996, S. 5ff.

3. Arbeitsmarkt- und Imageanalyse: Durch die Resonanz der Personalmarketingmaßnahmen können Informationen über die Zusammensetzung des potentiellen Bewerberpools, der Attraktivität der angebotenen Stelle und der Wirksamkeit der Werbemaßnahme gesammelt werden

Hervorzuheben ist, dass das Personalmarketing bewerberorientiert agieren muss und damit sein Denken und Handeln auf die Stellensuchenden auszurichten hat. Durch die Steigerung des Arbeitgeberimages steigt die Attraktivität des Unternehmens, was direkt den Rekrutierungserfolg beeinflusst. In weiterführenden Studien führt das Great Place to Work® Institute Belege für den größten Erfolg der besten Arbeitgeber an. Ihre Rankings beziehen sich dabei auf die Faktoren: Höhe des Eingangs an qualifizierten Bewerbungen, Mitarbeiterfluktuation, Krankenstand, Kundenzufriedenheit und -loyalität, Innovationskultur, Produktivität und Bedauerlich ist jedoch die teilweise Reduzierung des externen Personalmarketing auf das (oder in manchen Unternehmen auch Gleichsetzung mit dem) so genannten Hochschulmarketing, also der Personalwerbung bei Studenten. Dabei darf die Rekrutierung von Auszubildenden nicht unterschätzt werden, denn sie bilden später die Mehrzahl in der Belegschaft eines Unternehmens. Zudem besteht der Großteil der Auszubildenden aus Schulabgängern mit der mittleren Reife. Im empirischen Teil der Arbeit wird der Behauptung nachgegangen, dass diese noch nicht so eigeninitiativ und selbstständig agieren, und damit sehr viel anfälliger für Einflüsse von außen sind als Abiturienten. Somit kommt auch dem Auszubildenden-Marketing eine wichtige Rolle zu.

Internes Personalmarketing

Die Zielgruppe des internen Personalmarketings sind die bereits im Unternehmen beschäftigten Mitarbeiter. Das interne Personalmarketing muss sich darauf konzentrieren, die Attraktivität des Arbeitsplatzes zu optimieren, welche durch fünf Faktoren definiert wird

1. Aufgaben, Kompetenzen und Verantwortung
2. Aus- und Weiterbildungsmöglichkeiten
3. Entwicklungs- und Karrierechancen
4. Anreizgestaltung (materielle und immaterielle Anreize)
5. Betriebs-/Arbeitsklima.

Je nachdem wie diese vom Mitarbeiter wahrgenommen werden, fallen die Entscheidungen des Arbeitnehmers, sich für seine Unternehmung zu engagieren oder nicht, gute Arbeit zu leisten oder nicht, im Unternehmen zu bleiben oder nicht, positiv oder negativ aus. Zusammenfassend dient das interne Personalmarketing der Erhaltung des bestehenden Personals, indem dieses ausgebildet, gefördert und motiviert wird. Zudem trägt ein gutes Arbeitgeberimage, welches mit der wahrgenommenen Situation übereinstimmen sollte, zum Wohlbefinden der Mitarbeiter bei. Das Ziel des internen Personalmarketings ist es, durch die Erfüllung der beschriebenen Funktionen hohe Fehlzeiten und Fluktuationen, ein schlechtes Betriebsklima, geringes Qualifikationsbewusstsein, sowie unqualifizierte und an der Arbeit desinteressierte Mitarbeiter, zu minimieren.

Wirkungsmodelle im Personalmarketing

Bei der Auseinandersetzung mit dem Thema Personalmarketing ist bereits das AIR-Modell (Attraction, Integration, Retention) von Massen angesprochen worden. Speziell der Bereich Attraction, d.h. die Phase vor der letztendlichen Einstellung neuen Personals, weist viele Gemeinsamkeiten mit anderen Marketing- und Werbebereichen auf. Besonders die Wirkung entsprechender Maßnahmen sowie deren Messung sind von Interesse. Die Literatur ist hier wenig aufschlussreich. Meist wird sich der weit verbreiteten AIDA-Formel[65] bedient, die ein Modell der Werbewirkung ist und schon Ende des 19. Jahrhunderts entwickelt wurde. Da sich diese Arbeit mit der Zielgruppe junger Erwachsener und deren beruflicher Orientierung beschäftigt, soll herausgearbeitet werden, wo sich dabei Ansatzpunkte für Personalmarketingmaßnahmen ergeben. Es soll daher ein Modell gefunden werden, dass sich mit einem Konzept der Berufsorientierung vergleichen und vereinbaren lässt sowie schließlich Eingang in das Erhebungsinstrument dieser Arbeit finden soll. Definiert man Werbewirkungen als „Beziehungen zwischen einer bestimmten Kombination und Konstellation von Werbeinstrumenten und dem Verhalten der Umworbenen"[66] lässt sich diese Forschungsrichtung ohne weiteres auch auf Maßnahmen und deren Wirkung übertragen.

In diesem Zusammenhang sollen zunächst ausgewählte Modelle vorgestellt werden, ehe dann eines ausgewählt wird, das dieser Arbeit zu Grunde liegen soll. Die meisten Modelle der Werbewirkung weisen eine ähnliche Struktur auf. Sie sind

---

[65] Vgl. Eckardstein, D./Schnellinger, E., Personalmarketing im Einzelhandel, Berlin 1971, S. 54 und Simon, H., /Reich, K., Bewerberservice für Mitarbeiter, Augsburg 1995, S. 13.
[66] Vollmer, R., Bevorzugte Stellensuche, München 2002, S. 20-22. Zwar nutzen noch immer 86 % aller Berufstätigen zwischen 18 und 50 Jahren Printmedien, um neue Jobs zu finden. Doch bei Stellen suchenden mit Abitur oder Hochschulabschluss holen Online-Stellenmärkte und Unternehmens-Websites kräftig auf: Jeweils 81 % dieser Gruppe gaben an, deren Angebot zu nutzen.

in der Regel in verschiedene Stufen gegliedert, deren Anzahl dann Aufschluss über die Differenziertheit des Modells gibt. Für die Gruppe der Stufenmodelle kann das besonders im Marketing bekannte „Hierarchie der Effekte-Modell" genannt werden. Dabei wird ein mehrstufiger Prozess zu Grunde gelegt, während dem ein potentieller Konsument zunächst uninformiert und desinteressiert ist und sich schließlich zu einem überzeugten Käufer entwickelt. Der Begriff „Hierarchie" macht deutlich, dass jede der vorherigen Stufen die notwendige Bedingung für die Nachfolgende ist. Bei der Betrachtung der sechs Stufen ist erkennbar, dass von einer Erweiterung des AIDA-Modells gesprochen werden kann. Dem Modell mit dieser Stufeneinteilung wird zu Gute gehalten, dass es verschiedene Dimensionen der Werbewirkung differenziert. So lassen sich die ersten beiden Stufen der kognitiven Dimension zuschreiben.

Die Stufen Wertschätzung und Präferenz lassen sich in die affektive Dimension einordnen, während die letzten beiden Stufen eine konative Dimension abbilden, in der klar Intention und bewusstes Entscheiden im Vordergrund stehen.

Das „Elaboration Likelihood Model (ELM)" soll hier als Alternative zu einem Stufenmodell vorgestellt werden. Dabei wird von einer persuasiven Mitteilung ausgegangen, d.h. der Empfänger soll zu einer Handlung oder Einstellung überredet werden, was auf die Thematik der Werbewirkung übertragen werden soll. Dabei geht das ELM von zwei verschiedenen Wegen aus, wie werbliche Reize von einem Empfänger verarbeitet werden: ein zentraler und ein peripherer Weg.[67]

Entscheidend für die Verarbeitungswahrscheinlichkeit werblicher Reize ist hier die diesbezügliche Anstrengung des Individuums selbst, welche jedoch von zahlreichen situativen Faktoren abhängig ist. Der wichtigste dieser Faktoren ist das so genannte Involvement[68], welches die persönliche Relevanz eines Sachverhaltes angibt. Das ELM bildet nun ein Kontinuum hinsichtlich der Elaborationswahrscheinlichkeit ab, in der Werbewirkungen eingeordnet werden sollen. Dabei führt eine hohe Werbewirkung nur über den zentralen Weg der Verarbeitung, der mit einem starken Involvement einhergeht. Ist das Involvement dagegen gering, findet die Informationsverarbeitung über den peripheren Weg statt, was dann maximal zu einer instabilen Einstellungsänderung führt.

Im Zusammenhang mit dem Thema der Arbeit soll hier der Involvement-Begriff betont werden, da dies auch im Rahmen der Berufsorientierung ein wichtiger Aspekt ist, der letztendlich auch im Erhebungsinstrument des empirischen Teils der Arbeit Berücksichtigung finden soll. Es ist ursprünglich als Modell zur Lösung von

---

[67] Vgl. Eimeren, W., Personalmarketing Wiesbaden 2004, S. 351 f.
[68] Vgl. Statistisches Bundesamt, laborationswahrscheinlichkeit, Wiesbaden 2004, S.16.

Problemen bzw. zum Treffen von Entscheidungen konstruiert worden, jedoch wird es häufig auf Fragen der Werbewirkung übertragen.[69]

Der Entscheidungsprozess wird mittels fünf Stufen abgebildet: Die Problemwahrnehmung geschieht dabei durch eine von dem Individuum wahrgenommene Diskrepanz zwischen dem Ist-Zustand und einem als ideal betrachteten Zustand. Auslöser dieser Wahrnehmung können bestimmte (z. B. werbliche) Reize sein oder aber die Aktivierung eines Motivs (z. B. ein Wunschberuf), das wiederum auch durch die soziale Umwelt (z. B. Eltern) oder situative Einflussfaktoren angestoßen werden kann. Im nächsten Schritt sucht das Individuum in seinem Gedächtnis nach Informationen, um eine Entscheidung treffen zu können. Stellt sich dabei heraus, dass die verfügbaren Informationen dazu nicht ausreichen, wird eine externe Informationssuche in Gang gesetzt.

In der dritten Phase nimmt die Person eine Bewertung der Alternativen vor. Dabei wird zwischen Überzeugung und Einstellung unterschieden. Die Meinung stellt hier einen vorgelagerten Prozess dar, der sich auf das Produkt oder den Sachverhalt, den die Entscheidung betrifft und deren Eigenschaften bezieht. Die Einstellung zielt auf die Entscheidung an sich und führt letztlich zur Entscheidungsabsicht, die im Kontext der Werbewirkung den Kauf des Produktes als Handlung nach sich zieht.

Das Ziel ist es, die für ein effizientes Personalmarketing im Internet benötigten Anforderungskriterien darzustellen und vor dem Hintergrund der oben dargestellten Erkenntnisse zu erforschen, welche Vorteile das Internet für das Personalmarketing bietet und in welcher Form die untersuchten Unternehmen ihre Internetpräsenz unter Personalmarketing-Gesichtspunkten nutzen. Bei der vorliegenden Arbeit werden daher die Personalmarketing-Aktivitäten der 50 größten Arbeitgeber in Deutschland auf ihre Effizienz im Umgang mit diesem Medium einer kritischen Analyse unterzogen und eventuelle Schwachstellen aufgezeigt. Zudem soll ermittelt werden, welche Chancen die Unternehmen im Internet als Personalmarketing-Instrument sehen und welche Perspektiven sich für die Zukunft ergeben.

Vor dem Hintergrund des oben dargestellten Fach- und Führungskräftemangels soll zudem überprüft werden, inwieweit die ausgewählten Unternehmen mögliche Potenziale durch eine Ansprache des weiblichen Fach- und Führungskräftenachwuchses nutzen. Die vorliegende Arbeit besteht aus sieben Kapiteln. Bevor das Online-Personalmarketing der 50 größten Arbeitgeber in Deutschland untersucht wird, setzt kritisch mit dem Begriff des Personalmarketings auseinander.

---

[69] Vgl. Ebd., , S.16.

Hier werden die jeweiligen Interpretationen des Begriffs vorgestellt und Aufgabenfelder des Personalmarketings mit den verschiedenen Instrumenten des Personalmarketing-Mix kurz erläutert. Erfolgt nach einem kurzen Überblick über die Entwicklung des Internets zunächst eine Darstellung der Vorteile sowie auch Grenzen der Internetnutzung zu Personalmarketingzwecken. Anschließend werden die einzelnen Varianten einer Internetpräsentation erörtert, wobei neben den Personal-Websites der Unternehmen ein zusätzlicher Schwerpunkt auf der Betrachtung von Online-Jobbörsen liegt. Der daran anschließende Hauptteil der Arbeit betrachtet die Umsetzung der Anforderungskriterien einer erfolgreichen HR-Website sowie den Stellenwert des online gestützten Personalmarketing in den einzelnen Unternehmen.

Die Ermittlung dieser Werte erfolgt in zwei Phasen: Zunächst werden dazu das Auswahlverfahren und die Erhebungsmethode vorgestellt. Darauf aufbauend erfolgt eine Auswertung der ermittelten Befunde, welche Aufschluss über die Stärken und Schwächen der jeweiligen Websites geben soll. Zu diesem Zweck werden Bewertungskriterien aufgestellt, mit deren Hilfe beurteilt wird, wie die jeweiligen Online-Angebote aufzufinden sind, wie benutzerfreundlich diese Angebote gestaltet sind und welche Informationen welchen Zielgruppen in welcher Qualität zur Verfügung gestellt werden.

Des Weiteren wird überprüft, in welcher Form die interaktiven Vorteile des Internets genutzt werden, ob ein problemloses Aufrufen der Webseiten jederzeit möglich ist, ob eine vertrauliche Behandlung der Bewerberdaten erfolgt und welchen zusätzlichen Nutzen die HR-Website bietet. Darauf folgend werden die Ergebnisse einer Unternehmensbefragung präsentiert, die u. a. einen Überblick darüber geben, seit wann und in welcher Form das Internet zu Personalmarketingzwecken bereits genutzt wird und welche Vorteile sich aus einem online gestützten Personalmarketing für die Personalarbeit ergeben. Hier wird vor allem hinterfragt, ob die Unternehmen sämtliche Vorteile des Personalmarketings im Internet erkennen und in die Tat umsetzen.

In diesem Zusammenhang wird ferner geprüft, welche Zusammenhänge sich zwischen der Qualität des Online-Auftritts und der Personalarbeit „hinter den Kulissen" ergeben. Daher wird in diesem Kapitel u. a. untersucht, ob die Online-Erfahrung eines Unternehmens Rückschlüsse auf die Qualität der Website zulässt und welche Zusammenhänge sich zwischen der gewonnenen Zeitersparnis bei der Online-Rekrutierung und der Qualität der Website bzw. der interaktiven Funktionen erkennen lassen. Des Weiteren wird überprüft, welche Interdependenzen zwischen einem effizienten Bewerbermanagement und vorhandenen Zeit- und Kostenvorteilen bestehen und aus welchen Gründen das Internet als Personalmarketing-Instrument in den Unternehmen eingesetzt wird.

Die Schlussbetrachtung fasst die gewonnenen Erkenntnisse zusammen und bietet einen Ausblick auf mögliche Entwicklungstendenzen des Personalmarketings im Internet.

Personalmarketing-Mix

Zur Umsetzung der Zielvorstellungen des Personalmarketings werden die einzelnen Aktivitäten im Rahmen eines Personalmarketing-Mix konkretisiert.[70] Hierbei geht es um eine ziel- und strategiebezogene Kombination der Personalforschung mit Instrumenten der Produkt-, Konditionen-, Distributions- und Kommunikationspolitik.[71]

Bei der Produktpolitik geht es um die Gestaltung des Arbeitsangebotes und -umfeldes. Sie konkretisiert sich im Anforderungsprofil an den Bewerber und den Aufgaben und Kompetenzen, mit denen eine Stelle ausgestattet ist. Aber auch Aufstiegs- und Karrieremöglichkeiten sowie Konzepte der Personalentwicklung sind Bestandteil der Produktpolitik.

Die Konditionenpolitik entspricht der Preispolitik im Absatzmarketing und beinhaltet Instrumente wie das Gehalt, betriebliche Sozialleistungen oder sonstige einkommensnahe Zusatzleistungen. In diesem Zusammenhang sind auch Caféteria-Modelle[72] oder die Arbeitszeitflexibilisierung zu nennen.

Die Distributionspolitik bezieht sich nach Meffert „auf alle Entscheidungen, die im Zusammenhang mit dem Weg eines Produktes zum Endkäufer stehen. Sie umfasst sowohl die Wahl der Absatzkanäle als auch die physische Distribution der Produkte."[73] Auf das Personalmarketing übertragen, bedeutet dies, dass das „Produkt" Arbeitsplatz über Vertriebswege wie z. B. Mitarbeitergespräche (intern) oder Hochschulkontaktmessen (extern), an gegenwärtige und zukünftige Mitarbeiter zu vermitteln ist.

---

[70] Die Darstellung des Personalmarketing-Mix erfolgt in Anlehnung an das traditionelle Marketing. Eine einheitliche Darstellung dieses Begriffes gibt es jedoch nicht. Unterschiedliche Ansätze finden sich u. a. bei Wunderer, R., Führung und Zusammenarbeit, Stuttgart 2002, Sp. 1691-1692; Fröhlich, W., Personalmarketing, Stuttgart 1987, S. 44 ff.; Reich, K., Bewerberservice, Hamburg 1992, S. 23 ff.; Simon, H. /Reich, K., Bewerberservice für Mitarbeiter, Augsburg 1995, S. 17 ff.; Batz, M., Personalmarketing, Heidelberg 1996, S. 177 ff.; Bröckermann, R. /Pepels, W., Die Personalfreisetzung, Stuttgart 2001, S. 8 ff.

[71] Vgl. u. a. Simon, H. /Reich, K., Bewerberservice für Mitarbeiter, Augsburg 1995, S. 17; Reich, K., Bewerberservice, Hamburg 1992, S. 23 ff.

[72] Beim Cafétaria-Modell kann der Mitarbeiter aus einer Vielzahl von Zusatzleistungen diejenigen auswählen, die seinen persönlichen Bedürfnissen am meisten entsprechen. Vgl. Krieg, H./Ehrlich, H., Führungskräfte, Essen/Münster 1995, S.153.

[73] Meffert, H., Gute Mitarbeiter finden, Frankfurt a. M. 1991, S. 11.

Eng verzahnt mit der Distributionspolitik und im Personalmarketing-Mix nicht immer leicht zu trennen, ist die Kommunikationspolitik. Sie beinhaltet alle auf den internen und externen Arbeitsmarkt gerichteten Informationen über das Unternehmen, seine Profilierung als attraktiver Arbeitgeber sowie die Auswahl konkreter Instrumente, mit denen die einzelnen Zielgruppen angesprochen werden sollen. Zur Kommunikationspolitik gehört aber auch, dass auf Anfragen/Bewerbungen, die im Unternehmen eingehen, möglichst schnell und kompetent reagiert wird.[74]

Instrumente der Kommunikationspolitik sind z. B. Stellenanzeigen, Personalimagewerbung, Praktika, Diplomarbeiten, Hochschulkontaktmessen, Firmenbesuche, Vorträge etc. Allerdings ist einschränkend anzumerken, dass sich die einzelnen Instrumente des Personalmarketings nicht immer überschneidungsfrei den einzelnen Bereichen zuordnen lassen. So kann z. B. ein Dienstwagen notwendige Ausstattung einer Stelle im Rahmen der Produktpolitik oder aber versteckter Entgeltbestandteil sein.[75]

Personalmarketing im Internet

Die Nutzung des Internets bietet wie kein anderes Objekt die Möglichkeit, sämtliche Elemente eines Personalmarketing-Mix abzubilden und sich als attraktiver Arbeitgeber zu profilieren. Perspektiven sich hier im Einzelnen für das Personalmarketing ergeben, wird auf den folgenden Seiten dieses Buches erläutert. Wie bereits angedeutet wird, eröffnet insbesondere das Internet völlig neue Dimensionen, sämtliche Elemente eines Personalmarketing-Mix. So können u. a. mittels der Darstellung des Arbeitsplatzangebotes in Form von Erfahrungsberichten sowie der Präsentation von Aufstiegs- und Karrieremöglichkeiten hervorragend Komponenten der Produktpolitik auf den Internetseiten der Unternehmen abgebildet werden.

Auch Elemente der Konditionenpolitik lassen sich problemlos auf der Website integrieren, indem bspw. über Entlohnungsvarianten oder Arbeitszeitflexibilisierung informiert wird. Zudem eignet sich das Internet auch dazu, unmittelbar via E-Mail oder Online-Chat mit dem Bewerber Kontakt aufzunehmen oder im – Rahmen der Distributionspolitik – sogar den kompletten Bewerbungsprozess online zu gestalten.

---

[74] Simon, H. /Reich, K., sprechen in diesem Zusammenhang vom so genannten „Bewerberservice". Vgl. Simon Simon, H. /Reich, K., Bewerberservice für Mitarbeiter, Augsburg 1995, S. 19, S. 193 ff. Wesentliche Aspekte sind hier die Bearbeitungsdauer der Bewerbung, die persönliche Kommunikation während des Auswahlprozesses sowie die Formulierung einer Zusage bzw. Absage.

[75] Vgl. Ebd., S. 19.

Im Bereich der Personalmarketingforschung bietet das Internet vielfältige Potenziale: So besteht zum einen die Möglichkeit, ein Benchmarking der Websites anderer Unternehmen vorzunehmen, zum anderen lassen sich die in regelmäßigen Abständen erscheinenden Studien zum Personalmarketing im Internet auswerten. Mehr und mehr erkennen Unternehmen das Potenzial des Internets für das Personalmarketing. Das Internet erschließt Firmen bezüglich Erreichbarkeit, Geschwindigkeit und Kosten ganz neue Dimensionen. Bevor die Vorteile und Grenzen des Personalmarketings im Internet sowie die einzelnen Instrumente erläutert werden, erfolgt ein kurzer Überblick über die Entwicklung des Internets und die Bedeutung für das Personalmarketing.

Entwicklung des Internets

Ursprünglich als Kommunikationsinstrument für militärische und wissenschaftliche Zwecke konzipiert, wurde das Internet mit der Entwicklung des World Wide Web einer breiten Öffentlichkeit zugänglich gemacht. Im Verlauf der letzten zehn Jahre stieg die Anzahl der Websites von gerade einmal 500 im Jahr 1993 auf inzwischen über 12 Milliarden vernetzter Internetseiten weltweit an.

Während in der Einführungsphase in erster Linie Benutzergruppen mit hoher Technologie-Affinität das neue Medium nutzten, hat sich in den letzten Jahren die Internetnutzung auf eine breitere demoskopische Basis in allen Alters- und Berufsgruppen entwickelt.

Die Nutzung des Internets nimmt bereits heute eine wichtige Rolle im Alltag von potenziellen Bewerbern sowie Unternehmen ein und wird in Zukunft immer bedeutsamer werden. So planen bspw. immer mehr Unternehmen, das Internet in hohem Umfang zur Personalbeschaffung einzusetzen.[76] Während 1998 einer Studie zufolge lediglich 29 % der weltweiten Top-500-Unternehmen über eine eigene HR-Website verfügten, sind es im Jahr 2003 bereits 94 %.[77]
Auch in Deutschland ist dieser Trend deutlich zu erkennen: So planen 66 % der in einer aktuellen Studie befragten Unternehmen, ihre Online-Personalmarketing-Aktivitäten weiter auszubauen.[78] Des weiteren wird die Arbeitsplatzsuche mit Hilfe des Internets in den nächsten Jahren kontinuierlich zunehmen.[79]

---

[76] Vgl. Holtrop et al., Marketing im Internet, Wiesbaden 2003, S. 16.
[77] Vgl. iLogos Research, Arbeitsklima als Erfolgsfaktor, Mainz 2003, S. 3 ff.
[78] Vgl. Institut für Wirtschaftsinformatik der Johann Wolfgang von Goethe-Universität Frankfurt am Main, Vorteile der Nutzung des Internets. Studie des Instituts für Wirtschaftsinformatik der Johann Wolfgang von Goethe-Universität Frankfurt am Main in Zusammenarbeit mit der Stellenbörse Monster.de, Frankfurt am Main 1996. Vgl. o. V., Arbeitsplatzsuche im Internet 2004,

All dieses sind Gründe, sich ausführlich mit den Vorteilen aber auch die Grenzen der Nutzung des Internets als Personalmarketing-Instrument auseinanderzusetzen.

Vorteile der Nutzung des Internets als Personalmarketing-Instrument

Das innovative Image, das mit einer unternehmenseigenen Homepage oder einem weiteren Internetauftritt (z. B. meine stadt.de) einhergeht, stellt für viele Unternehmen ein wesentliches Argument für die Präsenz im Internet dar.[80] Dem Unternehmen wird hier die Möglichkeit geboten, sich als dynamischer und innovativer Arbeitgeber zu präsentieren und damit sowohl potenzielle Bewerber als auch gegenwärtige Mitarbeiter zu begeistern.[81]

Ein weiterer Vorteil ist die Internationalität des WWW. So erlaubt das weltumspannende Internet eine internationale Verbreitung der Attraktivitätspotenziale und der Stellenangebote des Unternehmens. Interessant ist das im Wesentlichen für multinational agierende Unternehmen, die sich damit auch auf ausländischen Märkten als attraktiver Arbeitgeber präsentieren und Personalakquisition betreiben können.

Zeit-, Flexibilitäts- und Kostenvorteile sind zusätzliche Aspekte, die den Nutzen des Internets für das Personalmarketing unterstreichen. So kann z. B. im Gegensatz zu einem Stellenangebot in den Printmedien, welches abhängig von Erscheinungsterminen ist und interessante Bewerber nur begrenzt erreichen kann, eine Internet-Stellenanzeige solange online bleiben, bis die Stelle besetzt wird.

Außerdem bietet das Internet den Vorteil der Verfügbarkeit rund um die Uhr an 365 Tagen im Jahr. Stellenausschreibungen via Internet können umgehend veröffentlicht und potenzielle Mitarbeiter schneller angesprochen werden. Insofern ist diese Möglichkeit der Personalansprache optimal, wenn bei aktuellen Bedarfsengpässen schnell qualifizierte Mitarbeiter gefunden werden müssen.

Da Änderungen und Ergänzungen des Online-Angebotes leichter und schneller möglich sind und Stellenangebote bzw. andere Seiteninhalte auf diese Weise täglich

---

http://www.stern.de/news2/aktuell/immer-mehr-fehltage-am-arbeitsplatz-wegen-psychischer-leiden-1837461.html, aufgerufen am 17.0.8.2004.

[79] So setzten mehr als 40 % der Bundesbürger im Jahr 2002 das Internet zur Arbeitsplatzsuche ein. Im Jahr 2005 wird diese Zahl voraussichtlich auf 65 % ansteigen. Vgl. Holtrop et al., Marketing im Internet, Wiesbaden 2003, S. 12.

[80] Vgl. Migula, C. /Alewell, D., Personalmarketingforschung, Offenbach 1999, S. 600.

[81] Vgl. Martin, C./Nowak, A., Bewerbungen aus dem Ausland, Würzburg 1999, S. 112. In der Tat gehen über das Internet mehr Bewerbungen aus dem Ausland ein.

aktualisiert werden können, bietet das WWW eine höhere zeitliche und inhaltliche Flexibilität, als dieses bei Printmedien möglich ist. Im Prinzip gibt es im Internet keinerlei Platzbeschränkung, wodurch hier außerdem ungeahnte Möglichkeiten für die Informationsbereitstellung eröffnet werden.

Weil der Anzeigenpreis nicht wie in Printmedien nach Millimetern berechnet wird, ist es kostentechnisch nahezu irrelevant, wie viel Platz eine Online-Stellenanzeige einnimmt. Wird außerdem die deutlich längere Schaltdauer berücksichtigt, ergeben sich bspw. pro Stellenanzeige in einer Jobbörse deutlich niedrigere Kosten im Vergleich zu einer gleichwertigen Anzeige in den Printmedien.

Mit maximal 750,- Euro pro Angebot (z. B. unter Jobpilot) kostet dabei die Online-Personalsuche einen Bruchteil des gängigen Anzeigenpreises der überregionalen Blätter (z. B. FAZ, Preis für ¼ Seite, s/w; 12850,- Euro). Selbst bei der Schaltung eines Firmenprofils für vier Wochen, welches mit 2.900,- Euro zusätzlich zu Buche schlägt, ist das Online-Medium die günstigere Alternative.

Die erwähnten Preisvorteile ermöglichen es nun, auch Stellen auszuschreiben, die aus Kostengründen bisher nicht veröffentlicht werden konnten. Demzufolge können dem interessierten Bewerber vielmehr Informationen bereitgestellt und ein genaueres Bild der jeweiligen Position und des Unternehmens mit seinen Vorzügen vermittelt werden, als dieses bei dem begrenzten Platzangebot in Printmedien der Fall ist.

Bei Jobbörsen beträgt sie in der Regel vier Wochen, bei der Präsentation auf der eigenen Website kann sie sogar solange online geschaltet werden, bis die Stelle besetzt wird. Auch in anderen Bereichen können sich Kostenvorteile ergeben. Der gesamte administrative Rekrutierungsprozess kann durch die Nutzung des Internets vereinfacht und damit effektiver gestaltet werden.[82] So ist es beispielsweise möglich, mittels standardisierter Online-Bewerbungsformulare die Bewerberabwicklung erheblich zu beschleunigen. Eine manuelle Eingabe der Daten seitens des Unternehmens kann dann entfallen, da der Bewerber als „Mitarbeiter der Personalabteilung"[83] diesen Schritt quasi selbst übernimmt.

Der Bewerbungsprozess kann zudem verkürzt werden, wenn mit einer speziellen Software Stellenprofil und Bewerberqualifikation grob abgeglichen werden und so eine erste Selektion der Bewerber erfolgt. Eingebettet in den Prozess eines

---

[82] Vgl. o. V., Internetnutzung als Kündigungsgrund, 2004, http://www.anwalt-kramer.de /_Publiaktionen/_publikationen.html, aufgerufen am 10.06.2004.
[83] Vgl. Lt. Anzeigen-Preisliste FAZ, 2003.

Workflow-Management-Systems[84] können Bestätigungsmails, Einladungen oder Absagen automatisch ausgelöst und online verschickt werden.[85]

Zudem lassen sich mittels der Verknüpfung von Intranet und Internet eingehende Bewerbungen online direkt an die Fachabteilungen weiterleiten, ohne dass es zu Medienbrüchen kommt. Ferner erlaubt die Bewerberabwicklung über das Internet eine Archivierung der eingegangenen und für interessant befundenen Bewerbungen, für die derzeit keine adäquate Stelle zur Verfügung steht. Auf diese Weise lässt sich ein Bewerberpool schaffen, aus dem dann bei entsprechendem Bedarf Mitarbeiter geschöpft werden können.

Über das WWW eingehende Bewerbungen bzw. Anfragen verursachen geringere Portokosten und Ersparen auch das Öffnen, Sortieren und Sichten von per Post eintreffenden Unterlagen. Bei großen Unternehmen, die mehrere Tausend Bewerbungen pro Jahr bekommen, kann dieses erhebliche Kosten sparen.

Eine Untersuchung der Dr. Jäger Management-Beratung bescheinigt der virtuellen gegenüber der traditionellen Bewerberabwicklung einen Zeit-/Kostenvorteil von 1:8. So ergibt sich auf der Basis einer Bearbeitungszeit von ca. 45 Minuten pro Bewerbung bei 100 Bewerbungen ein Effizienzvorteil von bis zu 65 Stunden.

Berater und Partner haben ermittelt, dass die Bearbeitung einer Bewerbung um bis zu 60 Prozent weniger Zeit benötigt und die Gesamtkosten für den Rekrutierungsprozess um die Hälfte gesenkt werden können.

Eine weitere Möglichkeit, das Personalmarketing im Internet effizienter zu gestalten, ist der Einsatz von ASP-Lösungen. ASP bedeutet Application Service Providing und steht für die Bereitstellung von Software-Lösungen via Internet. Eine personalwirtschaftliche ASP-Lösung kann online das gesamte Bewerbermanagement mit allen verfügbaren Workflows – vom Bewerbungseingang bis zur Absage – abbilden. Sogar die Bereitstellung eines kompletten Karriere-Auftrittes ist via ASP-Anbieter möglich.[86]

Aufgrund geringer Investitionskosten können sowohl kleine und mittlere Unternehmen als auch Großkonzerne von solch einer professionellen Online-Lösung profitieren.

Die dargestellten Aspekte zeigen deutlich, dass das Medium Internet den Personalverantwortlichen hilft, sowohl den Anforderungen nach Mitarbeiterorientierung als auch dem steigenden Kostendruck gerecht zu werden.

---

[84] Vgl. o. V., Workflow-Management-Systems, 2004, http://www.acrys.com/en/PDF/Workflow-Management-Systeme.pdf, aufgerufen am 10.06.2004.
[85] Vgl. Martin, C./Nowak, A., Bewerbungen aus dem Ausland, Würzburg 1999 S. 113.
[86] Vgl. u. a. Schröter, T. /Schwartz, M., Personal- und Produktmarketing, Würzburg 2002, S. 29 ff.

Insofern eröffnet das Internet weit mehr Möglichkeiten als die einfache Verlagerung vom Papier ins Netz. Das neue Medium ist erheblich vielseitiger und langfristig wirtschaftlicher. Einen spürbaren Nutzen vom online gestützten Personalmarketing haben die Unternehmen jedoch nur dann, wenn sie die Internet-Strategie auch vollständig umsetzen.

In vielen Unternehmen endet dieser Prozess oftmals am PC der Personaler. Hier werden Bewerbungsunterlagen oder E-Mails ausgedruckt, in die Hauspost gegeben und so an Fachabteilungen weitergegeben. Das bedeutet einerseits zeitlichen Mehraufwand für das Personal, andererseits kann es sogar sein, dass aufgrund des langwierigen Auswahlprozesses hoch qualifizierte Bewerber ungeduldig werden und absagen.

Grenzen der Nutzung des Internets als Personalmarketing-Instrument

Trotz der weltumspannenden Reichweite des Internets nutzt noch längst nicht jeder Erwerbstätige das Internet. Insofern erreicht nicht jede Stellenbotschaft jeden potenziellen Bewerber. Zudem bieten einige Unternehmen scheinbar rein aus Imagegründen WWW-Stellenanzeigen und E-Mail-Kontaktadressen an, ohne diesen Angeboten wirklich nachzukommen: So kommt es durchaus vor, dass eine ausgeschriebene Stelle schon lange besetzt ist und dass auf E-Mail-Anfragen keinerlei Resonanz erfolgt.[87] Probleme können sich allerdings auch dadurch ergeben, dass durch Übertragungsfehlerbedingt – die E-Mail gar nicht oder nur schwer lesbar beim Empfänger ankommt.[88] Auch ist es längst noch keine Selbstverständlichkeit, dass jedes Dateiformat problemlos auf allen Rechnern dargestellt werden kann. Dementsprechend gibt es oftmals Schwierigkeiten, Dokumente, die als Attachments einer E-Mail angehängt werden, zu öffnen.[89]

Problematisch ist auch, dass eine E-Mail beim Versenden in der Regel nicht ausreichend geschützt ist und unter Umständen von anderen als dem gewünschten Empfänger gelesen oder sogar manipuliert werden kann. Zudem hat in den letzten Monaten die Bedrohung durch neue und immer aggressivere Computerviren stark zugenommen, die – als Attachment getarnt – ihr Unwesen auf Unternehmensrechnern treiben können. Als Konsequenz daraus lehnen viele Unternehmen Bewerbungen bzw. Anfragen via E-Mail von vornherein ab, um einer solchen Infizierung

---

[87] Vgl. Mülder, W., Unternehmenseigenes Internet, Stuttgart 2003, S. 86f.
[88] Vgl. u. a. Händschke, E., Internet als Personalmarketing, Berlin 2002, S. 26 f.; Jäger, W., Zeitdokumentation Bildungswesen, Berlin 1997, S. 30.
[89] Vgl. Jäger, W., Personalgewinnung im Öffentlichen Dienst, Stuttgart 1998, S. 110f.

vorzubeugen. Eine gesicherte Übertragung von Daten ist jedoch dann gewährleistet, wenn das Bewerber-/Anfrage-Formular über eine verschlüsselte Verbindung übermittelt wird.

Aufgrund der geringen Hemmschwelle beim Versenden von E-Mails sehen sich viele Unternehmen zudem mit dem Problem konfrontiert, eine Flut von Bewerbungen zu erhalten. Konsequenz der Unternehmen ist oftmals der Einsatz elektronischer Datenfilter, welche die Bewerbungen nach bestimmten Schlüsselwörtern scannen und bei fehlenden Selektionskriterien Standardabsagen erstellen.

Da bei diesem Verfahren jedoch oftmals interessante Bewerberpersönlichkeiten auf der Strecke bleiben können, ist diese Methode eher bedenklich. So stoßen gerade in Zeiten der zunehmenden Betonung von Sozialkompetenzen „elektronische Auswahlautomatismen" an ihre Grenzen. Ein weiteres Problem wird in dem Einsatz standardisierter Online-Bewerbungsformulare gesehen. So kann es aufgrund mangelnder Individualität der Bewerber nach sogar soweit führen, dass aufgrund „genormter Standardtypen" das Unternehmen an Innovationskraft verliert.

Weitere Schwierigkeiten können auftreten, wenn das Unternehmen nicht über einen leistungsstarken Server verfügt. Der Bewerbungsvorgang führt schnell zur Enttäuschung des Users, wenn die sorgfältig eingegebene Online-Bewerbung nicht abgeschickt werden kann, weil die Leistungsfähigkeit des Servers begrenzt ist oder der Seitenaufbau einer Homepage eine Ewigkeit zu dauern scheint, weil zu viele Grafiken, Animationen oder Ähnliches auf der Seite sind. Ferner kann aufgrund geringer Geschwindigkeiten des Netzes in Stoßzeiten die Stellensuche besonders in den frühen Abendstunden mühselig und zeitaufwendig werden. Des Weiteren ist zu bedenken, dass die Vorbereitung einer gut konzipierten HR-Website und die Bereitstellung von Software zur Abwicklung des webbasierten Bewerbermanagement sehr erbliche Investitionen erfordern, die sich nur dann amortisieren, wenn die Unternehmen diese Instrumente in den folgenden Jahren häufig nutzen.

Die fehlende Kenntnis über die Existenz sämtlicher Angebote, sowie häufig noch nicht ausreichender Zugangsmöglichkeiten schließen zum heutigen Tage eine alleinige Präsenz im Internet aus. Das WWW besitzt aber aufgrund seiner ständig zunehmenden Verfügbarkeit, einem zunehmenden Anteil an Breitband-Anschlüssen und der Vielzahl von Einsatzmöglichkeiten, ein stetig steigendes Potenzial zur effizienten Gestaltung des Personalmarketing-Prozesses.

Varianten eines Internet gestützten Personalmarketings

Mittlerweile kann man sich das Internet auf vielfältige Art und Weise als Personalmarketing-Instrument zunutze machen. Hierbei wird unterschieden zwischen der Anwerbung über die unternehmenseigene Homepage, über so genannte elektronische Jobbörsen, über so genannte Recruitainment-Konzepte, über Virtual Communities sowie über Newsgroups. Die Darstellung der einzelnen Werkzeuge erfolgt aufsteigend nach der Priorität für das Personalmarketing im Internet.

Newsgroups

Newsgroups sind eine Art „Schwarzes Brett" im Internet, wo jeder User kostenlos eine Nachricht veröffentlichen und lesen kann. Die veröffentlichten Beiträge bestehen ausschließlich aus Textform und können nicht grafisch gestaltet werden.

Beispiel für eine Newsgroup ist markt.arbeit.de.[90] Grundsätzlich lassen sich auch Newsgroups zu Personalmarketingzwecken verwenden. Da aber der Bekanntheitsgrad relativ gering ist und man dort überwiegend Nebentätigkeiten findet, eignen sie sich kaum für große Unternehmen und werden nur der Vollständigkeit halber erwähnt.[91] Neben den klassischen Jobbörsen und Karriereportalen hat sich mit dem so genannten Recruitainment[92] seit Anfang 2000 eine weitere Form der unternehmensübergreifenden Bewerberansprache im Online-Medium etabliert. Hierbei handelt es sich um ein Personalmarketing-Konzept, bei dem die Teilnehmer durch Unterhaltungselemente gebunden, zusätzlich unternehmensrelevante Informationen vermittelt werden sowie (Bewerber)-Informationen erhoben werden.

---

[90] Schamel, E., Zwecke der Personalauswahl, http://groups.google.com/ groups?hl=de&lr=&ie=UTF-8&group=de.markt.arbeit.d, aufgerufen am 22.08.2004.

[91] Unter Recruitainment versteht man ein webbasiertes Konzept, welches einen E-Recruiting- und einen Infotainmentansatz in sich vereint. Vgl. Weber, A./Jägeler, T. /Busch, D., Psychologie für das Personalmanagement, Göttingen 2003, S. 249 f.

[92] Vgl. o. V., Bewerberansprache Online Medium, o. J., http://www.kaijaeger.com/publications/ aktuelle-trends-und-tendenzen-im-online-recruitment.pdf, aufgerufen am 25.08.2004. Mit „Challenge-Unlimited" bietet u. a. auch Siemens solch ein Instrument an. Siemens dokumentiert und kommuniziert mit diesem unkonventionellen Auftritt und der innovativen Gestaltung auch den kulturellen Wandel des Unternehmens nach außen. Vgl. Crusius, M., Personelle Kapazitäten, München 2000, S. 44-478. Viele Unternehmen sind nicht in der Lage, ihre personellen Kapazitäten so zu steuern, dass eine schnelle Bearbeitung von E-Mails bzw. Online-Bewerbungen innerhalb maximal 48 Stunden erfolgt. Vgl. u. a. Kürn, H., Bewerberansprache Online Medium Internet, Stuttgart 2002, S. 42; Waldschmidt, K., Unternehmenseigenes Internet, Stuttgart 2003, S. 72.; Mülder, W., Unternehmenseigenes Internet, Stuttgart 2003, S. 91 f.

Bei der Karrierejagd unter www.cyquest.de handelt es sich um ein basiertes Personalvorauswahlverfahren, bei dem spielerisch innovatives Personalmarketing und moderne Eignungsdiagnostik kombiniert werden.[93] Zielgruppe der Karrierejagd sind Schulabgänger und Studenten.

Bewerbermanagementsysteme

Die Ressource Humankapital gilt als entscheidender Faktor, um langfristig Wettbewerbsvorteile zu erlangen oder zu stabilisieren. „Der Erfolg eines Unternehmens hängt maßgeblich von der Qualität seiner Mitarbeiter ab" – so einfach könnte das Erfolgsrezept für Unternehmen lauten.

Leider ist es nicht einfach, den richtigen Mitarbeiter für die jeweilige Aufgabe zu finden. Obwohl bei einer Arbeitslosenquote von ca. 10 % ein scheinbares Überangebot an Arbeitskräften besteht, herrscht in einigen Wirtschaftsbereichen und Branchen ein Mangel an geeigneten Fachkräften. Und dies geschieht vor dem Hintergrund, dass die Arbeitssuchenden wesentlich flexibler sind und auch häufig bereit sind, größere Entfernungen zur Arbeitsstätte zu akzeptieren oder den Wohnsitz zu wechseln.

Die Frage ist deshalb, wie kann ich die für mich relevante Zielgruppe am besten erreichen und ansprechen. Ein entscheidender Faktor, den besten Mitarbeiter für das Unternehmen zu finden, ist die Wahl des richtigen Kommunikationsmittels. Gerade dieser Bereich befindet sich durch die Vernetzung der gesamten Welt via Internet im Umbruch. Dies belegen auch folgende Zahlen: Im März 2004 nutzten über 55% der Deutschen das Internet, das entspricht ca. 35 Mio. Menschen.

Aber auch innerhalb der Unternehmen entwickelte sich die Informations- und Kommunikationstechnologie ständig weiter. Intranet, Extranet und elektronische Mailprogramme haben diese Bereiche von Grund auf verändert. Seit den 70er Jahren haben sich Computer in Unternehmen als immer wertvollerer Helfer unentbehrlich gemacht. Durch sie wurden viele Entwicklungen erst ermöglicht.

Der Personalbereich wurde von der elektronischen Euphorie früh erfasst. Anfänglich benutzte man die „Maschinen" meist nur zur Entgeltabrechnung. Heute erfassen wir darüber hinaus die Arbeitszeiten und Urlaubstage der Mitarbeiter, melden online die Lohnsteuer an das Finanzamt, verwalten in Datenbanken eine

---

[93] Vgl. u. a. Köhler, D./Klug, Personalmarketing, München 2000, S., 2000, S. 138f.; Migula, C. /Alewell, D., Personalmarketingforschung, Offenbach 1999, S. 602. Diesem Umstand kann aber vorgebeugt werden; lediglich ein entsprechender Hinweis auf den Seiten des Unternehmens, welche Dateiformate erwünscht sind, reicht aus, um sich vor solchen Problemfällen zu schützen.

Vielzahl von Mitarbeiter und Stellendaten und nutzen die EDV-Systeme auch für das Verwalten und die Auswahl von Bewerbern (Bewerbermanagement).

Ablauf des Bewerbungsprozesses

Hinter einer Bewerbung verbirgt sich stets eine lange Prozesskette. Vor dem eigentlichen Kernprozess „Bewerbung" stehen Personalmarketingaktivitäten, die nach dem AIDA-Prinzip ablaufen: Hauptziel aller Aktivitäten ist es, das Unternehmen für potentielle neue Mitarbeiter interessant zu machen. Die verschiedenen Möglichkeiten, dieses Ziel zu erreichen, wurden bereits unter dem Punkt „Personalmarketing" beschrieben.

Der betriebliche Ausgangspunkt jedes Bewerbungsprozesses ist ein festgestellter Personalbedarf, den das Unternehmen nicht aus eigenen Ressourcen decken kann. Anhand eines Stellenprofils werden die Qualifikationen und Spezifikationen der zu besetzenden Stelle analysiert und anschließend ausgeschrieben. Der eigentliche Bewerbungsprozess beginnt. Grundsätzlich können dabei zwei Arten unterschieden werden: Zum einen den traditionellen, klassischen Bewerbungsprozess und zum anderen den moderneren, digitalen Bewerbungsprozess.

Dreht man die Uhr um mindestens 10 Jahre zurück, stößt man auf den Bewerbungsprozess, der als traditioneller oder auch als klassischer Bewerbungsprozess bezeichnet wird. Diese Form ist auch heute noch vor allem in kleinen Unternehmen anzutreffen, die weder eine große Bewerberanzahl, noch eine Vielzahl an Stellenbesetzungen zu bewältigen haben. Kennzeichnend für diesen Prozess ist, dass alle Abläufe in Papierform stattfanden bzw. stattfinden. Die Kommunikation zwischen dem Bewerber und dem Unternehmen läuft, wie die anschließende unternehmensinterne Kommunikation, in schriftlicher Form ab.

Grundsätzlich wird zwischen qualitativem und quantitativem Personalbedarf unterschieden. Qualitativer Bedarf kann entweder anhand von Personalentwicklungsmaßnahmen, z. B. Mitarbeiterschulungen, gedeckt werden oder durch den Einkauf von Know-how durch Einstellen von neuen Mitarbeitern mit entsprechender Qualifikation.

Ein quantitativer Personalbedarf entsteht, wenn der Ist-Bestand den Soll-Bestand unterschreitet, d.h. es geht hierbei um die zahlenmäßige Unterdeckung. Dieses Defizit kann entstehen durch:

- *Schaffen einer neuen Planstelle*
  Dies kann einerseits durch das Wachstum des Unternehmens geschehen, ande-

rerseits durch Umstrukturierungsmaßnahmen im Zusammenhang mit neuen Unternehmensstrategien.
- *Wiederbesetzen einer Stelle*
  Eine Stelle muss besetzt werden, wenn ein Mitarbeiter das Unternehmen verlässt oder der Stelleninhaber eine andere Aufgabe innerhalb des Unternehmens übernimmt. Gründe hierfür können beispielsweise Ruhestand, Kündigung, Mutterschutz oder Versetzung sein.

Der Nettobedarf errechnet sich auf folgende Weise:

  Bruttopersonalbedarf
  − Personalbestand
  + Personalabgänge
  − Personalzugänge
  = Nettobedarf

Dieser Personalbedarf kann auf zwei Arten gedeckt werden:

- Beschaffung von internem Personal durch die Übernahme von Auszubildenden
- Beschaffung von externem Personal.
- Recruiting-Mix

Das Personalmarketing verfolgt das langfristige Ziel, durch verschiedene Maßnahmen ein positives Bild des Unternehmens zu vermitteln, um für Arbeitssuchende attraktiv zu sein.

Zu den kurzfristigen Maßnahmen, Interesse zu wecken, gehören die Stellenanzeigen der Unternehmen. Diese werden in lokalen, regionalen oder überregionalen Tages- und Wochenzeitungen, Fachzeitschriften oder anderer geeigneter Medien veröffentlicht. Grundsätzlich ist bei der Zusammenstellung der Personalbeschaffungsmaßnahmen (Recruiting-Mix) darauf zu achten, dass eine homogene Mischung – zugeschnitten auf das Profil der Stelle – auswählt wird.

Eine Stellenanzeige, mit der man eine Teamassistentin sucht, findet beispielsweise in einer Fachzeitschrift weniger Interessenten als in einer Tageszeitung.

Im Gegensatz dazu werden potenzielle Geschäftsführer eher durch Fachzeitungen oder per Headhunter angesprochen, als durch Anzeigen in lokalen und regionalen Zeitungen. Anhand dieser beiden Beispiele ist ersichtlich, dass eine Stellenausschreibung individuell geplant werden muss. Die hier zu beachtenden Parameter sind:

- Medienkanal (Zeitung, TV-Spot, Radio, Fachzeitschriften, Aushang, usw.)
- Form der Ausschreibung – Reichweite – Unternehmensphilosophie.

Bewerbungseingänge/Auswahlprozess

Der Auslöser für eine Bewerbung aus Sicht des Interessenten kann entweder eine ausgeschriebene Stelle oder eine Initiativbewerbung ohne Bezug auf eine bestimmte Stelle sein.

Anhand der Anzahl der eingehenden Bewerbungen hat der Personalbereich erste Informationen, ob die richtige Zusammensetzung des Recruiting-Mixes gewählt wurde. Sind zu wenige Bewerbungen eingegangen, hat man die gewünschten Zielpersonen nur zum Teil erreicht. Unter Umständen muss dann der Ausschreibungsprozess wiederholt werden.

Gehen zu viele Bewerbungen ein, war die Stellenausschreibung wahrscheinlich zu allgemein oder man hat die eigentliche Zielgruppe verfehlt. Die Bewerbungen werden dann meist bis zu einem festgelegten Stichtag gesammelt.

Eine Vorauswahl findet bereits beim Eingang der Dokumente anhand bestimmter Kriterien statt, wie z. B.

- Form und Sauberkeit der Bewerbungen
- Vollständigkeit
- Rechtschreibfehler
- K.O.-Kriterien, wie geforderter Schulabschluss, Hochschulabschluss, bestimmte Schlüsselqualifikationen, Berufserfahrung, usw.

Im Rahmen der Personalauswahl sind die Bewerber darauf zu prüfen, ob sie die Grundbedingungen für das Aufgabengebiet und das Arbeitsumfeld (Mitarbeiter-Team) erfüllen.

Ob ein Bewerber tatsächlich geeignet ist oder nicht, kann anhand weiterer Verfahren getestet werden. Das Bewerbungsgespräch ist nach dem Ergebnis dieser empirischen Untersuchung das wichtigste und effektivste Hilfsmittel bei der Personalauswahl. Es dient dem gegenseitigen Kennenlernen, Kenntnisse und weitere wichtige Facetten können direkt abgefragt werden.

An zweiter Stelle folgt das Assessment Center, das mit größerem (finanziellen) Aufwand detaillierte Informationen über die Eigenschaften der Bewerber liefern kann. Die Anzahl der Kandidaten nimmt im Auswahlverfahren stufenweise ab, wobei die Selektionsverfahren und deren Reihenfolge individuell von dem jeweiligen Unternehmen entsprechenden gestaltet werden können.

Am Ende sollten nur wenige potentielle Mitarbeiter in die engere Auswahl kommen. Aufgrund der vorliegenden Bewerbungsunterlagen, den Vorstellungsgesprächen, sowie der gegebenenfalls vorhandenen Ergebnisse von Tests, wird die Entscheidung für oder gegen einen Bewerber getroffen.

Anschließend ist die Abstimmung mit der Personalvertretung vorzunehmen, denn die Einstellung eines neuen Mitarbeiters obliegt gemäß § 99 BetrVG der Mitbestimmung des Betriebsrates. Nach Zustimmung wird dem neuen Arbeitnehmer der Arbeitsvertrag zugesandt und weitere vorbereitende Maßnahmen initiiert (z. B. Untersuchung beim Betriebsarzt, Erstellen der Eintrittsformalitäten, usw.).

Der digitale Bewerbungsprozess wird durch den Einsatz von Computern charakterisiert. Er umschließt den traditionellen Prozess, was bedeutet, dass man sich nicht zwischen den beiden Methoden entscheiden muss. Die digitale Personalbeschaffung kann den bisherigen, traditionellen Prozess ergänzen.

Kernelement dieses Systems ist eine zentrale Bewerberdatenbank, auf die alle berechtigten Personen Zugriff erhalten. Der Personalbedarf wird, analog zum traditionellen Modell, aus der Differenz zwischen Soll- und Ist-Bestand ermittelt. Das Unternehmen kann auf zusätzliche Daten aus der (Bewerber-) Datenbank zugreifen, um den qualitativen und quantitativen Bedarf genauer zu analysieren und zu bestimmen.

Bedarfsdeckung ohne Personalbewegung

Bei der Bedarfsdeckung ohne Personalbewegung kann der Personalbedarf durch folgende Punkte bewältigt werden:[94]

- Mehrarbeit findet in Form von zeitlich befristeter und vorher festgelegter Verlängerung der betriebsüblichen Arbeitszeit statt.
- Überstunden können kurzfristig nach Bedarf angesetzt werden.

Diese Maßnahmen werden in gewissem Umfang noch von den Mitarbeitern befürwortet, da sie mit einem erheblichen Zusatzverdienst verbunden sind. Die gesetzlichen Arbeitszeitregelungen und Mitbestimmungsrechte des Betriebsrats dürfen dabei allerdings nicht außer Acht gelassen werden.

- *Urlaubssperre und Urlaubsverschiebung*
  Urlaubssperre ist meist in Unternehmen mit saisonabhängiger Auftragslage üblich. Hierbei dürfen alle Mitarbeiter in auftragsstarken Zeiten keinen Urlaub nehmen, z. B. haben die meisten Unternehmen der Versicherungsbranche in den Monaten November und Dezember eine Urlaubssperre eingeführt, da in dieser Zeit das Jahresendgeschäft alle verfügbaren Kapazitäten benötigt. Ein anderer Weg ist die Verschiebung von Urlaub auf ruhigere Phasen. Dies würde bedeu-

---

[94] Vgl. Nicolai, C.; Personalmanagement; Heidelberg 2009, S. 54-55.

ten, dass der Mitarbeiter seinen genehmigten Urlaub auf einen späteren Zeitpunkt verschieben müsste. Ursachen hierfür können kurzfristige große Auftragseingänge oder eine Grippewelle sein, wobei ein Großteil der Mitarbeiter nicht zu Verfügung steht. Die gesetzlichen Urlaubsbestimmungen und die Mitbestimmungsrechte des Betriebsrats sind hierbei wiederum zu beachten.
- *Qualifizierung, Einarbeitung und Umschulung der Mitarbeiter*
Im Vergleich zu den bisherigen quantitativen Aspekten können durch eine höhere oder veränderte Qualifizierung der Mitarbeiter sowie durch Einarbeitung und Umschulung die qualitativen Aspekte verbessert werden. Dies steigert die Qualität der Mitarbeiter, welche somit in der Lage sind, flexibler eingesetzt werden zu können und sich Aufstiegsmöglichkeiten zu verschaffen.

Für kurze bestimmte Zeiträume bringt die Bedarfsdeckung ohne Personalbewegung mehr Vorteile als Nachteile mit sich. Daraus resultiert allerdings eine starke Beanspruchung der Beschäftigten, wodurch gesundheitliche und soziale Folgen nicht auszuschließen sind.

Bedarfsdeckung mit Personalbewegung

Die Bedarfsdeckung mit Personalbewegung erfolgt u.a. durch folgende Möglichkeiten:[95]

- *Versetzung*
Die Mitarbeiter können bei einer Versetzung an eine gleichwertige (horizontal), höher- oder geringwertige (vertikal) Stelle zugewiesen werden. Im Gegensatz zur horizontalen Versetzung kann die vertikale Versetzung einen hierarchischen Aufstieg im Unternehmen erzeugen. Falls keine Überdeckung bestand, werden Stellen frei, die neu besetzt werden müssen. Die entstehende Lücke kann durch eine Bedarfsverschiebung sog. „Kettenversetzungen" auslösen, bis schließlich eine Neueinstellung erforderlich ist. Die Versetzung kann durch eine Weisung oder eine Änderungskündigung erfolgen. Durch eine Weisung besteht die Möglichkeit nur dann, falls der Arbeitsvertrag eine innerhalb des Berufsfeldes erfolgende Versetzung ohne geringere Entlohnung zulässt. Durch eine Änderungskündigung wird das bestehende Arbeitsverhältnis gekündigt und gleichzeitig aber ein neuer Arbeitsvertrag mit anderen Bedingungen vereinbart. In beiden Fällen muss der Betriebsrat, falls vorhanden, angehört werden.

---

[95] Vgl. Ebd. S. 55-57.

- *Stellenclearing*
  Das Stellenclearing (Stellenreorganisation) basiert auf einem systematischen Informationsaustausch zwischen Führungskräften, die das Potential einschätzen können sowie den Mitarbeitern der Personalabteilung zur Identifizierung potenzieller Kandidaten. Ein wesentlicher Vorteil daran ist die Einschätzbarkeit des Potentials durch die Führungskräfte; allerdings können sich jedoch – meist subjektive – Einflüsse wie Abteilungsegoismen oder Sympathie negativ auf die Bewertung auswirken.

Wirkungsmodelle im Personalmarketing

Bei der Auseinandersetzung mit dem Thema Personalmarketing ist bereits das AIR-Modell (Attraction, Integration, Retention) von Massen angesprochen worden. Speziell der Bereich Attraction, d. h. die Phase vor der letztendlichen Einstellung neuen Personals, weist viele Gemeinsamkeiten mit anderen Marketing- und Werbebereichen auf. Besonders die Wirkung entsprechender Maßnahmen sowie deren Messung sind von Interesse. Die Literatur ist hier wenig aufschlussreich. Meist wird sich der weit verbreiteten AIDA-Formel bedient, die ein Modell der Werbewirkung ist und schon Ende des 19. Jahrhunderts entwickelt wurde. Da sich diese Arbeit mit der Zielgruppe junger Erwachsener und deren beruflicher Orientierung beschäftigt, soll herausgearbeitet werden, wo sich dabei Ansatzpunkte für Personalmarketingmaßnahmen ergeben. Es soll daher ein Modell gefunden werden, dass sich mit einem Konzept der Berufsorientierung vergleichen und vereinbaren lässt sowie schließlich Eingang in das Erhebungsinstrument dieser Arbeit finden soll.

Definiert man Werbewirkungen als „Beziehungen zwischen einer bestimmten Kombination und Konstellation von Werbeinstrumenten und dem Verhalten der Umworbenen",[96] lässt sich diese Forschungsrichtung ohne Weiteres auch auf Personalmarketingmaßnahmen und deren Wirkung übertragen. In diesem Zusammenhang sollen zunächst ausgewählte Modelle vorgestellt werden, ehe dann eines ausgewählt wird, das dieser Arbeit zu Grunde liegen soll.

Die meisten Modelle der Werbewirkung weisen eine ähnliche Struktur auf. Sie sind in der Regel in verschiedene Stufen gegliedert, deren Anzahl dann Aufschluss über die Differenziertheit des Modells gibt.

Für die Gruppe der Stufenmodelle kann das besonders im Marketing bekannte „Hierarchie der Effekte-Modell" genannt werden. Dabei wird ein mehrstufiger Pro-

---

[96] Schönning, H., Potenzial, Hamburg 2010, S. 123-127.

zess zu Grunde gelegt, während dem ein potentieller Konsument zunächst uninformiert und desinteressiert ist und sich schließlich zu einem überzeugten Käufer entwickelt. Der Begriff „Hierarchie" macht deutlich, dass jede der vorherigen Stufen die notwendige Bedingung für die Nachfolgende ist.

Bei der Betrachtung der sechs Stufen ist erkennbar, dass von einer Erweiterung des AIDA-Modells gesprochen werden kann. Dem Modell mit dieser Stufeneinteilung wird zu Gute gehalten, dass es verschiedene Dimensionen der Werbewirkung differenziert. So lassen sich die ersten beiden Stufen der kognitiven Dimension zuschreiben. Die Stufen Wertschätzung und Präferenz lassen sich in die affektive Dimension einordnen, während die letzten beiden Stufen eine konative Dimension abbilden, in der klar Intention und bewusstes Entscheiden im Vordergrund stehen.

Das „Elaboration Likelihood Model (ELM)" soll hier als Alternative zu einem Stufenmodellvorgestellt werden. Dabei wird von einer persuasiven Mitteilung ausgegangen, d.h. der Empfänger soll zu einer Handlung oder Einstellung überredet werden, was auf die Thematik der Werbewirkung übertragen werden soll. Dabei geht das ELM von zwei verschiedenen Wegen aus, wie werbliche Reize von einem Empfänger verarbeitet werden: Ein zentraler und ein peripherer Weg.

Entscheidend für die Verarbeitungswahrscheinlichkeit werblicher Reize ist hier die diesbezügliche Anstrengung des Individuums selbst, welche jedoch von zahlreichen situativen Faktoren abhängig ist. Der wichtigste dieser Faktoren ist das so genannte Involvement, welches die persönliche Relevanz eines Sachverhaltes angibt. Das ELM bildet nun ein Kontinuum hinsichtlich der Elaborationswahrscheinlichkeit ab, in der Werbewirkungen eingeordnet werden sollen. Dabei führt eine hohe Werbewirkung nur über den zentralen Weg der Verarbeitung, der mit einem starken Involvement einhergeht.

Ist das Involvement dagegen gering, findet die Informationsverarbeitung über den peripheren Weg statt, was dann maximal zu einer instabilen Einstellungsänderung führt.

Im Zusammenhang mit dem Thema dieses Buches soll hier der Involvement-Begriff(von Involvement spricht man im Marketing, wenn der Konsument empfindet, dass ein Produkt etwas mit dem Konsumenten selbst und dessen Persönlichkeit zu tun hat, dass ein Kauf also eine spürbare Auswirkung auf den Käufer zur Folge hat) betont werden, da dies auch im Rahmen der Berufsorientierung ein wichtiger Aspekt ist, der letztendlich auch im Erhebungsinstrument des empirischen Teils der Arbeit Berücksichtigung finden soll.

Schließlich soll nun das „Modell des Käuferverhaltens" skizziert werden. Es ist ursprünglich als Modell zur Lösung von Problemen bzw. zum Treffen von Entscheidungen konstruiert worden, jedoch wird es häufig auf Fragen der Werbewirkung übertragen. Der Entscheidungsprozess soll hier mittels fünf Stufen abgebildet werden:

Die Problemwahrnehmung geschieht dabei durch eine von dem Individuum wahrgenommene Diskrepanz zwischen dem Ist-Zustand und einem als ideal betrachteten Zustand. Auslöser dieser Wahrnehmung können bestimmte (z. B. werbliche) Reize sein oder aber die Aktivierung eines Motivs (z. B. ein Wunschberuf), das wiederum auch durch die soziale Umwelt (z. B. Eltern) oder situative Einflussfaktoren angestoßen werden kann.

Im nächsten Schritt sucht das Individuum in seinem Gedächtnis nach Informationen, um eine Entscheidung treffen zu können. Stellt sich dabei heraus, dass die verfügbaren Informationen dazu nicht ausreichen, wird eine externe Informationssuche in Gang gesetzt.

In der dritten Phase nimmt die Person eine Bewertung der Alternativen vor. Dabei wird zwischen Überzeugung und Einstellung unterschieden. Die Meinung stellt hier einen vorgelagerten Prozess dar, der sich auf das Produkt oder den Sachverhalt, den die Entscheidung betrifft und deren Eigenschaften bezieht. Die Einstellung zielt auf die Entscheidung an sich und führt letztlich zur Entscheidungsabsicht, die im Kontext der Werbewirkung den Kauf des Produktes als Handlung nach sich zieht.

Personalmarketing im Internet – Eine empirische Analyse des unternehmenseigenen Internet

Das Ziel ist es, die für ein effizientes Personalmarketing im Internet benötigten Anforderungskriterien darzustellen und vor dem Hintergrund der oben dargestellten Erkenntnisse zu erforschen, welche Vorteile das Internet für das Personalmarketing bietet und in welcher Form die untersuchten Unternehmen ihre Internetpräsenz unter Personalmarketing-Gesichtspunkten nutzen.

Bei der vorliegenden Arbeit werden daher die Personalmarketing-Aktivitäten der 50 größten Arbeitgeber in Deutschland auf ihre Effizienz im Umgang mit diesem Medium einer kritischen Analyse unterzogen und eventuelle Schwachstellen aufgezeigt. Zudem soll ermittelt werden, welche Chancen die Unternehmen im Internet als Personalmarketing-Instrument sehen und welche Perspektiven sich für die Zukunft ergeben.

Vor dem Hintergrund des oben dargestellten Fach- und Führungskräftemangels soll zudem überprüft werden, inwieweit die ausgewählten Unternehmen mögliche

Potenziale durch eine Ansprache des weiblichen Fach- und Führungskräftenachwuchses nutzen.

Bevor das Online-Personalmarketing der 50 größten Arbeitgeber in Deutschland untersucht wird, wird sich kritisch mit dem Begriff des Personalmarketings auseinander gesetzt.

Hier werden die jeweiligen Interpretationen des Begriffs vorgestellt und Aufgabenfelder des Personalmarketings mit den verschiedenen Instrumenten des Personalmarketing-Mix kurz erläutert. Dabei erfolgt nach einem kurzen Überblick über die Entwicklung des Internets zunächst eine Darstellung der Vorteile sowie auch der Grenzen der Internetnutzung zu Personalmarketingzwecken.

Anschließend werden die einzelnen Varianten einer Internetpräsentation erörtert, wobei neben den Personal-Websites der Unternehmen ein zusätzlicher Schwerpunkt auf der Betrachtung von Online-Jobbörsen liegt. Daran anschließend wird die Umsetzung der Anforderungskriterien einer erfolgreichen HR-Website sowie den Stellenwert des online gestützten Personalmarketing in den einzelnen Unternehmen betrachtet.

Die Ermittlung dieser Werte erfolgt in zwei Phasen: Zunächst werden dazu das Auswahlverfahren und die Erhebungsmethode vorgestellt. Darauf aufbauend erfolgt eine Auswertung der ermittelten Befunde, welche Aufschluss über die Stärken und Schwächen der jeweiligen Websites geben soll. Zu diesem Zweck werden Bewertungskriterien aufgestellt, mit deren Hilfe beurteilt wird, wie die jeweiligen Online-Angebote aufzufinden sind, wie benutzerfreundlich diese Angebote gestaltet sind und welche Informationen welchen Zielgruppen in welcher Qualität zur Verfügung gestellt werden.

Des Weiteren wird überprüft, in welcher Form die interaktiven Vorteile des Internets genutzt werden, ob ein problemloses Aufrufen der Webseiten jederzeit möglich ist, ob eine vertrauliche Behandlung der Bewerberdaten erfolgt und welchen zusätzlichen Nutzen die HR-Website bietet. Darauf folgend werden die Ergebnisse einer Unternehmensbefragung präsentiert, die u. a. einen Überblick darüber geben, seit wann und in welcher Form das Internet zu Personalmarketingzwecken bereits genutzt wird und welche Vorteile sich aus einem online gestützten Personalmarketing für die Personalarbeit ergeben.

Hier wird vor allem hinterfragt, ob die Unternehmen sämtliche Vorteile des Personalmarketings im Internet erkennen und in die Tat umsetzen. In diesem Zusammenhang wird ferner geprüft, welche Zusammenhänge sich zwischen der Qualität des Online-Auftritts und der Personalarbeit „hinter den Kulissen" ergeben. Daher wird in diesem Kapitel u. a. untersucht, ob die Online-Erfahrung eines Unternehmens Rückschlüsse auf die Qualität der Website zulässt und welche Zusammenhänge sich zwischen der gewonnenen Zeitersparnis bei der Online-Rekrutierung und der Qualität der Website bzw. der interaktiven Funktionen erkennen lassen.

Des Weiteren wird überprüft, welche Interdependenzen zwischen einem effizienten Bewerbermanagement und vorhandenen Zeit- und Kostenvorteilen bestehen und aus welchen Gründen das Internet als Personalmarketing-Instrument in den Unternehmen eingesetzt wird. Die Schlussbetrachtung fasst die gewonnenen Erkenntnisse zusammen und bietet einen Ausblick auf mögliche Entwicklungstendenzen des Personalmarketings im Internet.

Literaturverzeichnis

Albert, H., Das ökonomische Modell. Neuwied/Berlin 1967.

Aschemeier, H., Organisationsentwicklung und Hintergründe, München 2009.

Bartscher, T. /Nowak, U. /Wagner, K., Praktische Personalwirtschaft. Eine praxisorientierte Einführung, Wiesbaden 2002.

Batz, M., Personalmarketing . Heidelberg 1996.

Becker, H., Wir haben, Berlin 1940.

Becker, M., Krankheitsbedingte Fehlzeiten in ostdeutschen und westdeutschen Unternehmen. Eine Untersuchung zur Analyse und Maßnahmenplanung, Halle (Saale), 1997.

Bitzer B., Fehlzeiten als Chance, Bremen 2005.

Brandenburg, U. /Nieder, P., Betriebliches Fehlzeiten-Management: Anwesenheit der Mitarbeiter erhöhen. Instrumente und Praxisbeispiele, Wiesbaden 2003.

Bröckermann, R. /Pepels, W., Die Personalfreisetzung. Stuttgart 2001.

Crusius, M., Personelle Kapazitäten. München 2000.

Eckardstein, D. /Schnellinger, F., Personalmarketing im Einzelhandel. Berlin 1971.

Eimeren, W., Personalmarketing, Wiesbaden 2004.

Freund, A. /Knoblauch. R. /Racke, H. /Hentze, H. /Joachim, A. /Kammel, R. /Pitter, A., Praxisorientierte Personalwirtschaft. Wiesbaden 2000.

Fröhlich, W., Das Personalmarketing. Stuttgart 1987.

Gerpott, T. J., Personalmanagement. Heidelberg 2000.

Gmelin, V., "Werkzeuge" des Personalcontrolling. Sinsheim 1994.

Händschke, E., Internet als Personalmanagement, Berlin 2002.

Harrs, C. /Maier, K. /Weill, P. Das Instrumentarium. Heidelberg 1999.

Henninger, C., Entscheidung, München 1942.

Hentze, J. /Kammel, A., Personalwirtschaftslehre. 1. Grundlagen, Personalbedarfsermittlung, -beschaffung, -entwicklung, und -einsatz, Stuttgart 2001.

Hentze, J. /Kammel, A., Grundlagen, Personalbedarfsermittlung. Basel 2001.

Hentze, J. /Kammel, A., Personalcontrolling . Stuttgart 1993.

Herrenhaus, A., Führung, Berlin 1930.

Hohmeister, F. /Stelzer, T., Personalwirtschaft, Stuttgart 2001.

Holtrop et al., Marketing im Internet, Wiesbaden 2003.

iLogos Research, Arbeitsklima als Erfolgsfaktor, Mainz 2003.

Institut für Wirtschaftsinformatik der Johann Wolfgang von Goethe-Universität Frankfurt am Main, Vorteile der Nutzung des Internets. Studie des Instituts für Wirtschaftsinformatik der Johann Wolfgang von Goethe-Universität Frankfurt am Main in Zusammenarbeit mit der Stellenbörse Monster.de, Frankfurt am Main 1996.

Jäger, W., Personalgewinnung im Öffentlichen Dienst, Stuttgart 1998.

Jäger, W., Zeitdokumentation Bildungswesen 1997.

Kieß, E., Personaltraining. Köln 2003.

Köhler, D. /Klug, S., Personalmarketing, München 2000.

Konradt, U. /Sarges, W., E- Rectuitment & E- Assessment. Wuppertal 2003.

Krause, G. /Krause, B., Die Prüfung der Personalkaufleute. Stuttgart 2004.

Krieg, H. /Ehrlich, R., Führungskräfte. Essen/Münster 1995.

Kürn, H., Bewerberansprache Online Medium Internet, Stuttgart 2002.

Lehr, M., Mitarbeiter einer anderen Generation, Stuttgart 1986.

Luwein, F., Mitarbeiter. Kassel 1927.

Mag, W., Einführung in die betriebliche Personalplanung. Darmstadt 1986.

Maib, J., Fehlzeiten: Eine Untersuchung zu Begriff, Struktur und Bedingungen des Abwesenheitsverhaltens von Arbeitnehmern, Göttingen 1981.

Manfred, B., Erfolgreiches Personalmarketing, Heidelberg 1996.

Martin, C. /Nowak, A., Bewerbungen aus dem Ausland, Würzburg 1999.

Meffert, H., Gute Mitarbeiter finden. Frankfurt am Main 1991.

Migula, C. /Alewell, D., Personalmarketingforschung. Offenbach 1999.

Mülder, W., Unternehmenseigenes Internet, Stuttgart 2003.

Nicolai, C., Personalmanagement. Heidelberg 2009.

Niefer, W., Manager. Zwickau 1929.

Oechsler, W., Personalwirtschaft unter Einbeziehung des Arbeitsrechts. München 1997.

Olfert, A., Die Personalwirtschaft.11. Auflage Ludwigshafen 2005.

Olfert, K. /Rahn, H. J., Lexikon der Betriebswirtschaftslehre. Ludwigshafen 2001.

O. V. Die Verhinderung von Absentismus am Arbeitsplatz: Zusammenfassender Bericht einer Forschungsstudie/Europäische Stiftung zur Verbesserung der Lebens- und Arbeitsbedingungen. Köln 1997.

O. V., Arbeitsplatzsuche im Internet 2004, http://www.stern.de/news2/aktuell/immer-mehr-fehltage-am-arbeitsplatz-wegen-psychischer-leiden-1837461.html, aufgerufen am 17.0.8.2004.

O. V., Internetnutzung als Kündigungsgrund, 2004, http://www.anwalt-kramer.de/_Publiaktionen/_publikationen.html, aufgerufen am 10.06.2004.

O. V., Workflow-Management-Systems, 2004, http://www.acrys.com/en/PDF/Workflow-Management-Systeme.pdf, aufgerufen am 10.06.2004.

O. V., http://www.kaijaeger.com/publications/ aktuelle-trends-und-tendenzen-im-online-recruitment.pdf, aufgerufen am 25.08.2004.

Piorr, R., Rückkehrgespräche – Chance für geringe Fehlzeiten bei gleich bleibender Arbeitsleistung? München 2001.

Quitmann, H., Humanistische Psychologie. Mannheim 1996.

Reich, K. Bewerberservice. Hamburg 1992.

Rommel, M., Beruf, Stuttgart 1928.

Schaie, H., Ältere Mitarbeiter in den Unternehmen, Bonn 1991.

Schamel, E., Zwecke der Personalauswahl, http://groups.google.com/groups?hl=de&lr=&ie=UTF-8&group=de.markt.arbeit.d, aufgerufen am 22.08.2004.

Schanz, G., Personalwirtschaftslehre, München/Wien/Stuttgart 2000.

Schmeisser, A. /Clermont, H., Personalmanagement in der Praxis. Göttingen 1999.

Scholz, C., Personalmanagement. München 2000.

Schöning, H., Personalentwicklung älterer Mitarbeiter, München 1998.

Schönning, H., Potenzial. Hamburg 2010.

Schrank, C., Personal und Managemententwicklung. München 2012.

Schröter, T. /Schwartz, M., Personal- und Produktmarketing, Würzburg 2002.

Schumacher, P.E., Führungspersönlichkeiten. Itzehoe. 1941.

Schulte, C., Personal-Controlling mit Kennzahlen. München 2002.

Simon, H., Suche nach „Mitarbeiter". Mainz 1947.

Simon, H. /Reich, K., Bewerberservice für Mitarbeiter, Augsburg 1995.

Statistisches Bundesamt, laborationswahrscheinlichkeit, Wiesbaden 2004.

Stenzel, S., Coaching und Supervision. Personalentwicklung. Stuttgart 2006.

Trebesch, K., Fehlzeiten in Betrieb und Verwaltung. Bern/Stuttgart 1979.

Vollmer, R., Bevorzugte Stellensuche. München 2002.

Wagner, D., Organisation, Führung und Personalmanagement. Neue Perspektiven durch Flexibilisierung und Individualisierung. Freiburg 1991.

Wagner, M., Personalmanagement. München 1966.

Waldschmidt, K., Unternehmenseigenes Internet, Stuttgart 2003.

Watson, T., Organisation. Berlin 1914.

Weber, A. /Jägeler, T. /Busch, D., Psychologie für das Personalmanagement, Göttingen 2002.

Weber, O., Mein Motto, Berlin 1945.

Weigmann, J., Personaltraining, in: Ders. und Freese, S., Personaltraining, Stuttgart 2003

Wunderer, R., Führung und Zusammenarbeit. Neuwied/Kriftel 2001.

Centaurus Buchtipp

Thomas Krüger

Korrigierte Performance des ökonomischen Eigenkapitals

Neuentwicklung zur Modellverbesserung

Reihe Wirtschaftswissenschaften, Bd. 87, 2011, 70 S., ISBN 978-3-86226-065-2, **€ 22,80**

Für die Ermittlung der ökonomischen Performance sind in der Vergangenheit zahlreiche Modelle entwickelt und erweitert worden. Heutzutage ist unter anderem die Berücksichtigung des Risikos obligatorisch. Dennoch beinhalten diese Modelle bei genauerer Betrachtung Unzulänglichkeiten. Und genau dies verlangt die Erweiterung des Erkenntnishorizontes, also die Verbesserung der bisher bestehenden Modelle.

Die Vorteile liegen auf der Hand: Nur eine Bank, die in der Lage ist, die Vorteilhaftigkeit eines betrachteten Geschäftes exakt zu bestimmen, erlangt durch diesen Wissensvorsprung einen Wettbewerbsvorteil gegenüber den anderen Marktteilnehmern.

Bei den bislang verwendeten Performance-Kennzahlen stimmt die Dimensionalität der Teilgrößen nicht überein – mit Folgen für die Aussagekraft der Kennzahl. Dieses Buch stellt zwei Wege zur widerspruchsfreien Überwindung dieser Modellschwäche vor.

Darüber hinaus werden der erstmals widerspruchsfrei modellierte Mindestverzinsungsanspruch sowie die Zuteilung und der Handel von ökonomischem Kapital über die interne Eigenkapitalbörse betrachtet.

www.centaurus-verlag.de

Centaurus Buchtipps

Christian Reinhard
Rechte und Pflichten des Betriebsrats bei der Verwendung von Arbeitnehmerdaten
Eine Untersuchung anhand betriebsverfassungsrechtlicher und datenschutzrechtlicher Vorgaben
Forum Arbeits- und Sozialrecht, Bd. 38, 2012, ca. 288 S.,
ISBN 978-3-86226-198-7, € **26,80**

Jan Friedrich Beckmann
Rechtsgrundlagen der beruflichen Weiterbildung von Arbeitnehmern
Forum Arbeits- und Sozialrecht, Bd. 37, 2012, 402 S.,
ISBN 978-3-86226-151-2, € **28,80**

Bastian Kiehn
Konzernbetriebsrat und Konzernbetriebsvereinbarung in der Betriebs- und Unternehmensumstrukturierung
Forum Arbeits- und Sozialrecht, Bd. 36, 2012, 264 S.,
ISBN 978-3-86226-153-6, € **25,80**

Moritz Koch
Dreigliedrige Standortsicherungsvereinbarungen
Forum Arbeits- und Sozialrecht, Bd. 35, 2012, 270 S.,
ISBN 978-3-86226-145-1, € **26,80**

Jakob Glajcar
Altersdiskriminierung durch tarifliche Vergütung
Forum Arbeits- und Sozialrecht, Bd. 32, 2010, 334 S.,
ISBN 978-3-86226-035-5, € **27,80**

Stefan Otremba
Das Menschenbild in der Ökonomie
Reflexionen über eine moderne Wirtschaftsethik und deren Chancen in der realwirtschaftlichen Praxis
Reihe Wirtschaftswissenschaften, Bd. 86, 2009, 71 S.,
ISBN 978-3-8255-0755-8, € **16,90**

Georg Röttger
Ein neues Paradigma in der Ökonomie
Wie wir die Ökonomie wieder in die Gesellschaft integrieren können
Reihe Wirtschaftswissenschaften, Bd. 85, 2009, 740 S.,
ISBN 978-3-8255-0740-4, € **42,80**

Jochen Stockburger
Unternehmenskrise und Organstrafbarkeit wegen Insolvenzstraftaten
Reihe Rechtswissenschaften, Bd. 215, 280 s.,
ISBN 978-3-86226-093-5, **25,80 €**

Informationen und weitere Titel unter **www.centaurus-verlag.de**

If you have any concerns about our products,
you can contact us on
ProductSafety@springernature.com

In case Publisher is established outside the EU,
the EU authorized representative is:
**Springer Nature Customer Service Center GmbH
Europaplatz 3, 69115 Heidelberg, Germany**

Printed by Libri Plureos GmbH
in Hamburg, Germany